What
We Owe
Each
Other

A NEW SOCIAL CONTRACT
for
A BETTER SOCIETY

新社会契约

重系21世纪公民与社会的纽带

Minouche Shafik

[英] 米努什·沙菲克——著　　李艳——译

中信出版集团｜北京

图书在版编目（CIP）数据

新社会契约 /（英）米努什·沙菲克著；李艳译
. -- 北京：中信出版社，2022.6
书名原文：What We Owe Each Other
ISBN 978-7-5217-4330-2

Ⅰ. ①新… Ⅱ. ①米… ②李… Ⅲ. ①社会契约－研
究 Ⅳ. ① F246

中国版本图书馆 CIP 数据核字（2022）第 070353 号

新社会契约

著者： ［英］米努什·沙菲克
译者： 李艳
出版发行： 中信出版集团股份有限公司
　　　　　（北京市朝阳区惠新东街甲 4 号富盛大厦 2 座　邮编　100029）
承印者： 嘉业印刷（天津）有限公司

开本：880mm×1230mm 1/32　印张：9　字数：240 千字
版次：2022 年 6 月第 1 版　印次：2022 年 6 月第 1 次印刷
京权图字：01-2022-2518　书号：ISBN 978-7-5217-4330-2
定价：69.00 元

谨以此书献给我的母亲迈萨，

我的丈夫拉斐尔，

以及我的孩子

亚当、汉娜、汉斯-塞拉斯、诺拉和奥利维亚

目录　　　　　　　　　　　　CONTENTS

推荐序

受中信出版社之托，我非常荣幸利用"五一"长假先睹并细阅了米努什·沙菲克的新著《新社会契约》。平时，我有一个习惯，无论看书还是写作或干活，总愿意放着音乐。然而，当我开始阅读《新社会契约》一书时，其前言中"万物分崩离析；中心难以维系……一准是某种启示已近在眼前……"，一下子把我的注意力完全吸引住了，我不由自主地关掉音乐。直觉告诉我，这是一部好书，需要在静谧的环境下细心阅读，同时我开始思考一些长期萦绕心头的全球发展问题。

作者米努什·沙菲克长期致力于国际发展工作，曾是世界银行最年轻的副行长，在国际货币基金组织中发挥过重要作用，工作足迹遍布全球，亲眼见证"让贫困成为历史"运动给人们生活带来的巨大改善，曾出任英格兰银行副行长，现为伦敦政治经济学院校长。作者以其渊博的知识和丰富的经验，围绕儿童抚养、教育体制、生病医疗、求职和养老等社会最关切的问题，使用大量专业资料，并以亲身经历的工作经验和成功案例，以深入浅出和通俗易懂的文字表达，一针见血地指出现有社会契约已经失灵，尝试对适应21世纪的社会契约提出新见解，并为构建更完善、更公平公正的社会契约提出切实可行的建议，探求一种新的社会契约模式。

尽管过去数十年全球化使人类发展取得了巨大的物质进步，但我们不得不承认，今天的世界用作者在前言中提及的"万物分崩离析；中心难以维系"来描述比以往任何时间都恰如其分。金融危机带来的经济动荡余波未消，新冠肺炎疫情全球大流行，国际关系纷争迭起，气候变化形势严峻，俄乌冲突战乱纷飞。世界面临发展赤字、治理赤字、和平赤字……，天灾人祸接二连三，无不令人痛心、忧虑甚至绝望。人类怎么了？

尤其是，新冠病魔像一面照妖镜，将过去数十年业已存在的社会不公平、不公正问题暴露无遗。疫情全球大流行、经济大衰退，以往依赖资本和劳动力全球流动而被掩盖的南北差距、两极分化、贫困人口、债务危机、受教育程度及个人财富积累等问题全面凸显，使发展中国家在过去十几年积累起来的发展成果毁于一旦。而发达国家在疫情冲击下自顾不暇，甚至明哲保身，逃避国际责任。面临疫苗鸿沟和债务危机，发展中国家深陷卫生危机、经济危机、社会危机、粮食危机等难以自拔。国际机构则面临资金不足、力不从心的处境。关键是，逆全球化盛行，保护主义泛滥，民粹主义蔓延，国家主义强化，全球治理虚化。世界往何处去？

核心问题在于社会责任缺失和公共产品缺位，包括公共卫生系统薄弱、社会保障欠缺、结构性不平等、环境气候危机等。特别是在全球治理中，应该承担更多义务和责任的富裕国家，不愿承担更多责任，不愿提供公共产品，甚至热衷于贸易战，政策严重内卷。受新冠肺炎疫情冲击最严重的是穷国和穷人，我们应该更加关注最不发达国家和弱势群体。疫情中，他们得不到疫苗；经济恢复中，他们得不到资金；未来发展中，他们看不到前途，深陷无助无救困境。"检验我们进步的标准，不是看我们是否为富裕者锦上添花，而是看我们是否使贫困者丰衣足食。"这是美国前总统罗斯福的名言，今天依然适用。儿童教育、年轻人就业、老人赡养、病人就医、穷人温饱、气候变化等问题正在被固化，且将长期存在，"全球发展议程"或将难以如期完成。

本人非常认同作者书中提出的"危机亦是新机"。历史发展、人类进步往往是从危机中吸取教训，通过危转机实现社会新的飞跃，让人类生活变得更美好。罗斯福新政于 20 世纪 30 代大萧条中应运而生，二战后建立起基于规则的国际秩序。联合国秘书长古特雷斯也认为，新冠肺炎疫情大流行是一场人类危机，但也为建立一个更加平等和可持续的世界提供了机遇。而化解此次危机以及危机前业已广泛存在的不满，必须基于能够为所有人带来公平机会、尊重所有人权利和自由的"新社会契约"和"全球新政"。

通过构建新的社会契约，我们能为每个人提供更好的保障机制和机会架构，为全球发展制定新的治理体系，设计行之有效的契约，即规章制度，着眼于未来解决当下面临的问题。新社会契约将由政府、家庭、社团、企业、个人组成，各司其职、各尽所能，"少一些'我'，多一些'我们'"。在疫情、战乱、衰退、失业、贫困、饥饿等挑战面前，我们只有相互依存、共同承担、同舟共济，共克时艰。美国民权运动领袖马丁·路德·金认为："所有的生命都是相互关联的。所有人都处于无法逃避的相互依存关系中，被束缚在同一张命运之网里。任何会直接影响一个人的事情都会间接影响到所有人。"中国国家主席习近平曾提出"构建人类命运共同体"的前瞻性倡议："人类命运共同体，顾名思义，就是每个民族、每个国家的前途命运都紧紧联系在一起，应该风雨同舟，荣辱与共，努力把我们生于斯、长于斯的这个星球建成一个和睦的大家庭，把世界各国人民对美好生活的向往变成现实。"

最后我想用作者在书中的精辟文字来结束我的拙评："我们正处在需要做出新选择的历史性时刻。塑造社会契约，为我们和后代创造更加美好的未来，是时代赋予我们的使命。"

陈凤英

中国现代国际关系研究院

世界经济研究所原所长、研究员、博士生导师

　　"万物分崩离析；中心难以维系……一准是某种启示已近在眼前……"

　　叶芝写下这首诗时，第一次世界大战的恐怖阴霾刚刚散去，又正值1918—1919年大流感肆虐，他怀孕的妻子因为感染上流感而卧床不起。2016年，"万物分崩离析"这句诗被引用得比以往任何时间都要频繁。¹当变革似乎势不可当之时，人们从这首诗中捕捉到了某种不祥之感。近些年，2008年金融危机带来的经济动荡余波未停，世界政治分歧日益加剧，环保抗议此起彼伏，新冠肺炎疫情大肆流行。大动荡时期，社会或将面临彻底重组，而重组结果则取决于现有制度、当权者及主流思想。²

　　近年来，我看到很多设想、制度和规范逐渐崩塌，而正是这些设想、制度和规范塑造了我们所处的世界。我曾用25年时间致力于国际发展工作，亲眼见证"让贫困成为历史"（making poverty history）运动给人们的日常生活带来了巨大改善。人们的生活得到前所未有的提升。然而，世界上仍有不少地区的人们感到失望，这在政治、媒体和大众话语中都有所体现。日渐加剧的愤怒和焦虑情绪与人们的不安全感、对未来的无力感不无关联。我很长时间以来从事研究的战后国际合作体系，也随着民族主义和保护主义的抬头逐渐失去支持。

2020 年开始的全球新冠肺炎疫情让这一切格外凸显。那些工作不稳定、没有医疗保障的人所面临的风险显露无遗。从事"基本工种"的人往往薪资最低，但没有他们，社会就无法运转，我们对彼此的依赖也随之显现。没有银行家、律师，我们仍然可以生存，但我们不能没有食品杂货商、护士和安保人员。通过这场疫情，我们可以看出人与人之间是相互依赖、密不可分的，不光是为了生存，还为了履行社会责任。

危机亦是新机。有些危机能带来好的决策，让社会变得更好，比如为了应对大萧条而出台的罗斯福"新政"以及二战后建立的基于规则的国际秩序。而有些危机则会播下新问题的种子，比如一战和 2008 年金融危机的应对不力引发了民粹主义反弹。新冠肺炎疫情危机的影响仍有待观察，最终它能否带来社会的进步要取决于现有理念和最终的政治抉择。[3] 经过大量阅读、倾听、思考和交流，我发现社会契约（即支配我们如何在社会中共同生活的一套政策和规范）这一理念有助于理解和定义应对当前挑战的可替代性解决方案。

目前，我在伦敦政治经济学院（LSE，以下简称"伦敦政经"）任校长。多年来，那些塑造了世界各地社会契约思想的理念中，很多都是出自这里。关于经济与社会关系的思考由来已久，费边社及伦敦政经的创始人比阿特丽斯·韦伯和西德尼·韦伯是这方面的先驱。比阿特丽斯花费数年在伦敦最贫穷地区搜集数据，亲眼见证了贫困的影响。作为1909年皇家济贫法委员会成员，她撰写了一份持不同意见的少数派报告，驳斥了英国严苛的济贫院制度和不成体系的穷人保障项目。在该报告中，她认为英国应采取一种新社会契约："保障所有性别和阶层的人都能过上合乎国民最低标准的文明生活，具体而言，年轻人能获取足够的营养、接受培训，体格健全的人能领取一份足以维持生计的工资，生病的人能得到治疗，丧失工作能力的人或老年人能维持一种基本的、稳定的生活。"[4]100多年后的今天，这仍然是世界上大多数国家的愿望。

威廉·贝弗里奇（1919—1937年担任伦敦政经校长）著有一篇影响力巨大的报告（即1942年发布的《贝弗里奇报告》），其中反映了比阿特丽斯的观点。贝弗里奇在报告中提出把英国建设成现代福利国家，并设计了英国国家医疗服务体系，以及涵盖最低收入、失业保险和养老金的一套综合体系。《贝弗里奇报告》具有革命性意义，对英国公民的权利与义务进行了彻底重组。为了了解这一重组状况，人们不惜排长队购买，以至其发行量超过了以往任何一份政府文件。报告中的大多数建议在克莱门特·艾德礼担任首相期间得到实施。艾德礼曾任教于伦敦政经，他之所以能够当选首相，在一定程度上正是因为他支持《贝弗里奇报告》。尽管韦伯夫妇和贝弗里奇研究的对象是英国，但其观点对整个欧洲、大部分后殖民世界，特别是印度、巴基斯坦、东亚、非洲和中东都产生了巨大影响。[5]

在接下来一次的社会大重组中，伦敦政经依旧居于核心地位。当时，弗里德里希·哈耶克刚从维也纳移居英国不久，是伦敦政经的教授，他于 1944 年出版了《通往奴役之路》，后来荣获诺贝尔经济学奖。哈耶克认为，贝弗里奇所提倡的干预型政府会将社会拉向极权主义道路。他所强调的个人自由和市场效率为古典经济自由主义打下了基础。1950 年，哈耶克离开伦敦政经到芝加哥大学任教。在那里，他专注研究自由主义与自由放任的经济学说，其观点影响了米尔顿·弗里德曼，并为之后芝加哥经济学派的形成奠定了基础。玛格丽特·撒切尔和罗纳德·里根的政治哲学以及他们对个人主义与自由市场的重视，都要归功于哈耶克。[6]哈耶克在中东欧也极具影响力，其著作被推动苏联解体的异见人士奉为圭臬。

随后出现的"第三条道路"试图定义一种新的方案，以替代费边派的政府干预主义和哈耶克的放任型市场自由主义。1998 年，随着安东尼·吉登斯（1997—2003 年担任伦敦政经校长）的《第三条道路》出版，伦敦政经兴起许多主张利用市场手段实现平等主义目的的理念。[7]这些观点得到世界各地的社会民主主义政治家的支持，包括美国前总统比尔·克林顿、英国前首相托尼·布莱尔、巴西前总统路易斯·伊纳西奥·卢拉·达席尔瓦、德国前总理格哈德·施罗德以及南非前总统塔博·姆贝基等等。但在 2008 年经济大衰退后，人们对"第三条道路"的支持冰消瓦解。经过这场金融危机，世界各地的中间派领导人逐渐被民粹主义者取代，"第三条道路"失去了人们的信任。

因而，我们需要探求一种新模式。技术和人口的深刻变化挑战着旧有的社会结构。气候危机、全球新冠肺炎疫情及其所造成的不可避免的经济重创揭示了，我们现有的社会契约已经在很大程度上失灵。本书试图厘清产生这些问题的根本原因，而且更重要的是，尝试对适应 21 世纪的社会契约提出新的见解。本书提出的社会契约并非蓝本，但我希望它能够促进讨论，为指引未来政策的发展方向做出一定的贡献。

本书覆盖范围广泛，涉及问题繁多，试图从全球性视角探讨各类问题，有的读者可能会发现我所述的观点存在例外情况。本书大量引用经同行评议的期刊中的学术研究，并应用元分析统计法对有时多达数百条的研究成果进行总结。大多数专业资料的出处已注明。我非常重视实证研究、专业知识以及严格缜密的辩论，还就文献中不同国家针对社会成员对彼此应尽的义务问题所采取的应对措施给出了自己的判断。

这些判断不可避免地建立在我个人的家庭情况、教育背景和工作经历之上，并受到社会和国家的影响。我对经济学的兴趣源于我对社会中机会结构的求知欲望。小时候，我常去埃及的村庄探望生活在那里的表亲，总能看到一些看起来和我差不多大的女孩，但她们无法接受教育，只能在田间辛苦劳作，对于自己将来会嫁给谁、生育几个孩子几乎没有选择。我拥有她们没有的机会，这看起来有非常大的随机性并且很不公平——我原本可能会成为她们中的一员，她们原本也可能轻易地成为像我这样的人。20世纪60年代，我家的大部分土地和财产被埃及政府收归国有，我们移民到美国，也就是我父亲求学的地方，我所面临的机会由此发生了彻底的变化。

我的父亲拥有化学博士学位，对他而言，学习知识是通往成功的唯一道路。"别人可以拿走你的一切，除了知识。"这是他经常重复的格言。当时的美国南部地区正处于废除学校种族隔离所带来的动荡与紧张局面中，面向我们的教育机会参差不齐。为了与不同种族的学生一起就读，我已记不清曾被校车送到过多少所学校。有的学校拥有优秀的师资，有的学校的头等目标就是生存。每到周末，我母亲就会带我去当地的图书馆，它们是我的救星。我是好几家图书馆的会员，因为每家图书馆都有借书上限，这样我每周就可以借尽可能多的书，然后窝在家里的沙发上一读就是很长时间，从书本中探索世界。

在攀登上教育质量的阶梯之后，对机会结构的求知欲引领我从业于经济学和发展领域，我曾先后在世界银行、英国国际发展部、国际货币基金组织以及英国央行任职。我喜欢大学，在大学里工作了18年，但我大部分的职业生涯还是与政策制定有关。特别之处可能是，我的工作足迹遍布众多国家——从世界上最贫穷的国家，如南苏丹和孟加拉国，到最富有的国家，如英国或欧元区国家。我还与许多政界人士共事过——在英国，我担任过工党政府以及保守党和自由民主党联合政府的常务秘书；在世界银行和国际货币基金组织，我与来自不同政治派别的数百名政治家共事。这种作为政策学习者和政策从业者的视角将贯穿本书。

基于 25 年来在各大国际经济机构的工作经历，我认识到在不同国家间分享经验大有裨益。当然，每个国家都有其特殊性，特别是在某些问题上具有个性，比如社会契约中个人与集体的平衡问题。像美国这样的国家更注重个人自由；亚洲的一些国家倾向于将集体利益置于个人偏好之上；欧洲国家则处于两者中间，试图在个人自由和集体利益之间找到平衡点。每一种共性背后都存在许多例外，它们可以告诉我们如何具体情况具体对待。我们没有唯一正确的答案，有的是一系列选择和权衡，它们具有不同成本与效益，并折射出多种价值判断。

除了具有全球视角并聚焦解决方案，我还尝试让本书更加贴近个人。对我而言，社会契约的条款内容不是某种专属于技术官僚和政策专家的抽象活动。有关教育体制的组织方式、医疗保健服务的资金来源，或者人们失业后的处境等政策选择，对每一个人都意义重大。正是它们让我与那些埃及农村女孩的生活截然不同。因此，本书围绕我们大多数人都会经历的人生阶段展开——育儿、教育、生病、求职和养老。我希望这种视角能让这些重要问题通俗易懂，并且能鼓励我们所有人对这些重大事项形成自己的看法。

第 1 章

什么是社会契约

社会即一切。我们中有许多人终其一生都认为我们是自食其力、自给自足的。有人可能会将自己的命运归功（或归咎）于家庭，但我们很少会想到决定我们命运的更大因素——我们所生在的国家、历史上某一特定时期的主流社会观念、统领经济和政治的体制机制，以及纯粹的机会随机性。这些更广泛的因素决定了我们所生活的社会类型，也是我们人生经历的最重要决定性因素。

考虑一个社会作用较为微弱的生活案例。2004 年，我在厄瓜多尔亚马孙热带雨林地带的一个家庭生活了一段时间。女主人安东尼娅育有 12 个子女，她的长女即将生产第一胎。他们生活在不通路、不通电、不通自来水，也没有良好卫生条件的雨林边缘地带。那里有一所学校，但距离他们的家相当远，所以孩子们几乎都没有去上学。不过，安东尼娅是一名社区健康工作者，可以通过无线电联系到附近乡镇的医生，医生会给她和其他人提供健康咨询。除了这一服务（是由一家慈善机构安排的），安东尼娅和她的丈夫只能完全自力更生，从森林中采集食物，教育孩子如何在这种环境中生存。在极少数情况下，他们找不到或者自己制作不出所需之物（比如烹饪锅具），就从亚马孙河中淘一些黄金颗粒，然后划独木舟去距离很远的集市上换取这些生活用品。

这个例子可能看起来非常极端，并且距离我们十分遥远。但它提醒我们，我们是多么习惯于社会中的集体生活所给予我们的方方面面——基础设施、便利的教育和医疗保健服务，以及促成市场（我们能从中赚取收入并获得商品和服务）发展的法律。安东尼娅和她的女儿盼望着孩子的出生，并许诺为孩子起名为米努什，这让我倍感荣幸。我经常畅想这位出生在一个截然不同的社会中的米努什将拥有怎样的人生。

社会的组织方式对社会中人们的生活以及他们所面对的机会结构具有深刻影响。它不仅决定了人们的物质条件，还决定了人们的福祉状况、人际关系和生活前景。社会的组织结构由一系列体制机制决定，例如政治体制、法律体系、经济制度以及家庭和社区生活的组织方式等。[1] 所有社会都会选择将一些事情交由个人决定，而将另外一些事情交由集体决定。支配那些集体机构运行方式的规范和准则就是我所称的社会契约，我认为它是事关我们生活境况的最重要的决定性因素。因为社会契约极为重要，并且大多数人无法轻易脱离所在的社会，所以社会契约需要得到绝大多数人的一致认可，还需要根据情况变化定期进行重新商议。

我们如今正处在这样一个时期，许多社会中的人们对社会契约及其所提供的生活感到失望，尽管在过去 50 年里世界取得了巨大的物质进步。[2]调查发现，在美国、欧洲国家、印度以及其他多个发展中国家，每5个人中就有4个人觉得"社会制度"已经失效。[3]在许多发达国家，绝大多数人不再相信他们的后代会比他们生活得更好。在发展中世界，人们对教育、医疗保健服务和就业岗位的需求通常远远超出社会的供给。全世界的劳动者都担心因缺乏技能或自动化的普及而失去生计。

这种不满情绪表现为多种形式。有些居住在农村地区或小城镇的人认为国家以他们为代价，将过多的关注和资源分配给城市。有些国家的本土居民感到外来移民正在改变他们的社会，认为外来移民还未纳税就先享受到福利待遇。有些曾经占主导地位的群体成员对其他要求获得平等待遇的群体心存怨念。有些男性因最近女性地位的提升而感觉受到威胁，还觉得类似性别配额等政策让他们处于不利地位。有些年轻人越来越对老年人抱有意见，认为老年人在医疗保健服务和养老金方面消耗的资源越来越多，留下了一大堆债务和恶化的环境。有些老年人则感到年轻人对他们过去的奉献缺乏感恩。

本书尝试通过社会契约的视角挖掘这种失望情绪的根本起因：如果我们不想看到公民和社会所基于的相互信任出现破坏性裂痕，就要认识到期望与相互关系的首要性、集体保障和共同抵御风险的效率与价值，以及适应世界变化的重要性。社会对个人负有何种义务？个人反过来又对社会负有何种义务呢？在这个重大变革时期，这种对彼此所负的义务可能需要做何调整呢？对这些问题的回答，将成为应对当今世界所面临的诸多政治挑战、经济挑战和社会挑战的关键。

期望与社会契约

"我们对彼此所负的义务"中的"我们"具体指谁？我们感到要履行义务的对象是谁？这一问题错综复杂，涉及个人、文化、历史等多个维度。我喜欢把对彼此的义务比作同心圆。最核心的一圈是我们的直系亲属和朋友，我们大多数人感到他们负有最大的义务。父母会为子女做出巨大牺牲，朋友会尽心尽力互帮互助。往外一圈是我们所居住的社区，通常覆盖志愿团体、宗教协会、街坊邻居以及地方政府机构。再往外是民族国家，我们在其中对彼此负有公民义务——纳税、遵守法律、参加选举和参与公共生活。接着是类似欧盟这样的区域一体化项目，其成员国的公民之间试图营造一种"我们"的氛围。最外面一圈是世界，该圈内人们对彼此的义务可能有所弱化，但在人道主义危机或者气候变化等全球性挑战使国际团结变得至关重要之时就会格外凸显。

我们每天不仅在家庭内部，还在社区和民族国家中履行相互义务并照顾他人，这远远超出我们狭隘的私利。最显而易见的是，我们通过纳税使生活在国内其他地区（有时是全世界其他地区）的那些素昧平生之人受惠。我们之所以这么做，是因为我们相信生活在公平且管理有序的社会中有助于我们过上更好的生活，并且我们愿意为实现这样的社会做出应有的贡献，这既是出于我们自己的利益，也是为了同胞团结之情。许多国家要求雇主为雇员提供育儿假和养老金等福利待遇，除此之外，有些雇主还额外提供其他福利。在燃料和淡水的供给、交通以及卫生方面，我们依靠公共基础设施并期望能唾手可得。我们期望有名校、有优质的医疗保健服务、有良好的街面治安环境，并为此遵纪守法。所有这些都是我们平衡个人愿望和集体生活所需的方式。在我们进行长期投资时，或者反过来说，在我们消耗子孙后代的机会资源时，集体协作便延伸至代际层面。

在整个历史上，人们为享受群体生活的好处、抵御群体生活的风险，在不同程度上将资源进行集中整合。群体生活的好处包括劳动的专业化、共同抵御外敌和共享基础设施。随着群体规模不断扩大——从家庭到村庄再到大城市和民族国家，人们对彼此的义务变得更加抽象，还常常需要体制机制和政治程序协调。我们的义务不再停留于家庭和社区层面，而是演变成同胞间的相互支持或者是对国家的责任。比如说，在过去，人们负责在家教育子女、照顾生病和失业的家人，如今则大多依靠学校、医疗机构和由政府支付的失业补助（在有些国家是这样）。出于这一原因，如今人们被期望在具有生产能力的成年阶段为共同利益做出贡献，作为交换，他们在年幼时接受教育，并在生病、失业或年老时得到救助。根据不同的文化规范、体制机制、政府政策，以及规定个人相对于广大社会群体的权利与义务的法律，这些期望具有不同的本质属性，但它们是普遍存在的。

虽然这些期望早就存在于人类社会，但是随着时间的推移，它们发生了巨大的变化。例如，在历史上大部分时期，和今天一样，几乎每一个社会中照顾老幼的责任都由女性承担，而后代的教育、医疗保健服务和就业由集体负责。大多数国家还存在这样的期望，即较富有的公民要为社区中的穷人提供保护或支持。历史证明，这种通常由宗教机构推动的自愿慈善行为只是杯水车薪，取得的结果参差不齐。随着国家变得富有，公民越来越期望国家承担起提供更加持续且公平的服务的责任，并通过税收筹集所需的财政收入。[4]

长久以来，哲学家们一直在讨论怎样才能说服自由个体共同生活于社会中，以及什么才是恰如其分的期望。[5]这一概念——为获取通过其他方式无法获得的利益而自发形成的相互依存——在启蒙运动时期被称为社会契约。各大思想家为不同类型的社会契约争论不休，但所有人在最开始都离不开当时的特定框架：君主制下的个人权利。

托马斯·霍布斯认为，利己但理性的个体应当主动服从绝对君主的权威并将其作为避免野蛮的自然状态的唯一确定途径。[6]约翰·洛克的观点是，社会契约的目的是维护公民的生命、自由和福祉。因而，如果君主未能保护公民的这些权利，那么公民起义并建立新的政治社会就是合法的。[7]让-雅克·卢梭则侧重于在承认因人类越来越相互依存而必须为了共处于良好社会做出让步的同时捍卫自由。根据卢梭的观点，社会契约要求设立允许公民制定并因此自愿遵守的法律的政治机构，比如议会，由此为政府的权威提供正当理由。[8]相较于我们自己的期望，这三位哲学家有关个人及政府的期望都很低：社会契约只是生活在一个没有剥削的社会中的前提。

但是，随着君主不得不逐渐将权力让渡给公民，有关社会契约的争论转向了公民身份义务和我们对彼此负有的义务。亚当·斯密的思想奠定了现代经济学的基础，他在《道德情操论》中讨论了"同理圈"的必要性，在"同理圈"内利己的个体会关心他人的福祉。[9] 按照亚当·斯密的说法，基于同理心形成的社会团结具有道德、政治和经济层面的依据。[10] 道德层面的依据是：在任何一个社会，个体都具有基本的需求，比如获得基本的医疗保健服务和安全保障，有足够的收入以避免被社会排斥在外，接受足够的教育以找到工作并成为有文化的公民，社会倘若不提供这些服务，那就是不道德的。社会团结的政治依据是：民主国家要正常运转，公民必须有足够的共同经历来感知一个共同目标。[11] 最后，经济依据是：在诸如疾病、失业和养老金等事情上，由众多公民共担风险比个人单独承担风险更具效率。

亚当·斯密认为，同理心具有局限性，个体可以期望的事物具有局限性，而且当个体行为"恶劣"时，人们共担风险的意愿也会消失。如今也是同样的情况。并非由个人原因造成的风险，如意外事故导致的残疾或突如其来的经济动荡导致的失业，是大多数人愿意共担的。但是，如果个体由于吸烟、酒驾或工作业绩差而造成损失，许多人就认为这些人应当自食其果。同时，还有人认为，恶劣的行径多数是由缺乏教育、生活贫困甚至是精神疾病造成的。对个体行为和责任的道德判断通常是关乎社会契约慷慨程度的核心。

将社会契约作为建立正义社会的基础进行探讨的，是20世纪最具影响力的哲学家约翰·罗尔斯。[12] 他认为我们应当在"无知之幕"的背后设计社会契约——这意味着我们不会提前知道自己将在社会中处于什么样的地位。因为我们不知道我们出生时是腰缠万贯还是一贫如洗，所以我们要设计出正义的社会契约。罗尔斯的机会平等原则称："那些天赋和能力相当，并且有同等意愿利用它们的人，不管其在社会体系中的最初地位如何，都应当拥有同样光明的前景。"[13] 如今，机会平等的概念居于世界各地许多公民之期望的核心位置，对机会平等缺位的感知是产生焦虑和不满情绪的重要根源。

现代社会中存在这样一种期望，即人只要努力奋斗就能改善自身命运。以前的情况并不总是这样。在一些传统的社会中，人们对现行等级制度几乎是听天由命地接受，还有人认为这是维持社会秩序的关键。但如今大多数国家将促进社会流动性纳入社会契约，因为这么做更显公平，能凝聚社会力量并促进集体行动。穷人需要有自己或子女能生活得更好的期待。富人则需要有子女可能会变穷的担忧，以培养对穷人的关爱之情并树立利益共同体意识。

在实践中，各国为其公民所提供的机会结构千差万别。例如，在丹麦平均需要两代人的努力才能从低收入群体跻身至中等收入群体，在英国需要五代人，在高度不平等的巴西、南非和哥伦比亚等国则需要九代人以上。社会流动性的差异（见图1）在一定程度上解释了为何我们会看到，那些改善命运的希望十分渺茫甚至日渐减弱的国家的社会契约最令人沮丧。还有大量证据显示，家庭劣势和地缘劣势会延续数代。[14]

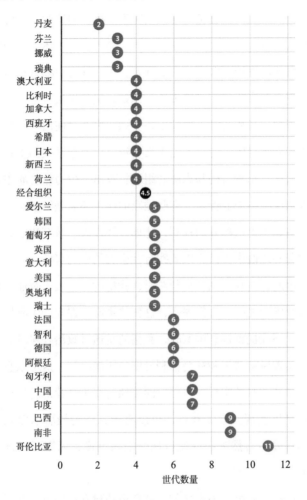

图 1　社会流动性：不同国家的公民需要经过多少代人的努力才能从低收入群体跻身中等收入群体？

社会契约之于公共部门与私营部门

许多人认为社会契约与福利国家一样，但这两个概念其实并不相同。社会契约决定的是集体供给的范围及主体，福利国家是几种可能的供给方式之一。实际上，每个社会中都有很多社会契约范围内的事项仍由家庭供给。例如，父母无偿教育孩子，人们集中资源或者购买私人保险以备生病或失业时使用。在照顾困难群体和老年群体、应对人道主义危机，以及帮助人们重新就业方面，社区、慈善机构和志愿者组织贡献出不少力量。雇主通常被要求依法缴纳失业保险，有些国家的雇主还需缴纳法定医疗保险，还有些雇主提供额外的福利，比如育婴设施、教育津贴，以及幸福感和心理健康支持，以此践行社会契约中的责任。

因此，当我提到社会契约时，我指的是个人、企业、公民社会以及国家之间的合作关系，这种关系能够促成产生集体利益的体系。当我提到福利国家时，我指的是通过政治程序及后续国家行为实现风险共担和社会福利投资的协调机制。这可以直接通过税收和公共服务实现，也可以间接通过要求私营部门提供支持的规章制度实现。集体利益还可以将国家作为最后承保人，防止人们在发生自然灾害或流行病时陷入饥馑、无家可归或贫穷等困境。

在我们有民族国家之前，社会契约建立在提供相互保护、分享食宿等基本需求的部落和地方忠诚的基础之上。这一基础在封建时期演变为地方统治者，他们颁布法律和命令并征收租金，最上层还有王权结构。直到现代早期，民族国家才发展成不只是提供保护或征收租金，还能利用有限的税收收入投资集体福利（比如投资基础设施）的样貌。随着资本主义的发展，家庭因劳动分工的加强而变得不那么自给自足，社会契约因而变得更加复杂；监管制度开始出现，卫生和电力等公共服务需要得到统筹协调和资金支持。提供类似的集体福利，包括拥有一支受过教育的健康劳动力大军，成为社会契约越来越重要的组成部分，并发展成我们如今所称的福利国家。

社会团结作为法定要求被首次提出，通常被归功于奥托·冯·俾斯麦。这位保守的普鲁士人在担任德意志帝国宰相期间，于1889年推出强制性养老金和疾病保险计划。他的出发点是提高经济效率，同时避免他的对手提出更激进的做法，比如没收财产。他在致德国议会的信中写道："那些因衰老和伤残丧失工作能力的人完全有理由要求国家赡养。"这封信具有开拓性意义。当时德国人的退休年龄为70岁，考虑到退休时的预期寿命，这意味着国家需要平均为每个人提供7年的养老金。[15]

在英国，第一个呼吁由集体承担医疗保健服务责任的人是比阿特丽斯·韦伯，她于1909年在皇家济贫法委员会提出建立国家医疗服务制度。但首个旨在满足公民"从摇篮到坟墓"全套需求的全面的福利国家蓝图，通常被归功于威廉·贝弗里奇。为消除肮脏、愚昧、贫困、懒散和疾病这"五大问题"，贝弗里奇的计划是所有人都为社会保险基金缴款，并相应地获得享受医疗保健服务或失业保险等福利待遇的同等资格。[16]

在 20 世纪的进程中，其他各地福利国家的发展情况有很大不同。在美国和澳大利亚这样的国家，个体责任被更多地强调，所以国家只为特困人群提供资助和进行层次较低的收入再分配。在欧洲大陆国家，福利体系经常与工作相关，依靠雇主和雇员缴纳的社会款项支付失业保险和医疗保健服务。北欧国家往往有较高水平的国家资助福利保障和更慷慨的普惠福利与专项福利组合。各国为失业者提供集体支持的时间长短能很好地说明这些差别。在美国，失业补助正常只发放 6 个月；在法国或德国这样的国家，这一期限是 1 年；在丹麦和荷兰等国家，这一期限为 2 年。[17]

发展中国家的福利支出也随着公民对相关服务和社会保障要求的提高而迅猛增长。拥有某种形式的社会保障的中低收入国家数量在过去 20 年内翻了一番——从 72 个增加到 2017 年的 149 个。[18]大部分国家（77%）推行针对特困家庭的现金支付，许多国家（42%）提供有条件的支付，比如以送子女入学或者为子女接种疫苗为条件。这些支付款通常很少，但在减少贫困、提升入学率、改善营养和提高家庭生产力方面已表现出重要作用。[19]支付金额还会根据特殊情况，比如饥荒或流行病袭击某个社区，得到及时调整。[20]

大多数发展中国家逐渐从依靠家庭和社区履行社会契约转向逐步提高政府支出水平。尽管发展中国家的福利支出目前仅能惠及全球 1/3 左右的穷人，但在福利支出对入学率、民众健康水平和经济活动有利的强大证据面前，再加上为了应对不断提高的公民期望和老龄化，福利支出正在快速增长。但发展中国家的富人通常依赖昂贵的私立学校和医疗保健服务，甚至是私人的保障和基础设施，因此他们觉得自己没有纳税义务。在尼日利亚或黎巴嫩这样的国家，有自己的发电机在富人中很常见，因为公共供电一直很不可靠。说服发展中国家的高收入群体依靠公共供给，这是增加财政收入以践行更好的社会契约的关键所在。

各国做法不尽相同的原因是什么？有些人认为，相比美国或者澳大利亚这种种族和民族多样性更显著的国家，人口更为同质化的国家往往更团结并基于此形成了更全面的福利制度。[21] 最新证据给出了更复杂的解释，表明另有更加重要的因素，比如移民的速度、衡量民族多样性的方式，以及各种文化因素，例如对财富再分配的态度，以及对运气和努力在决定收入中所起到的作用的看法。[22]

有些国家的福利程度较低的一个原因可能与常见的一种错误认知有关，即福利国家的目标是通过再分配将钱从富人转移给穷人。事实上，这只是冰山一角。福利国家 3/4 的成分是存钱罐（在整个生命周期中进行相互保险），只有 1/4 的成分是"罗宾汉"（将资源从富人转给穷人）。[23] 福利国家的一个重要职能是将财富在我们自己的一生当中进行再分配。儿童无法贷款支付自己的教育费用，即使他们的就业前景一片光明。人们不知道自己会在年老时患上何种疾病或者自己能活多长时间。

大多数人在工作年龄期间向福利国家缴款，在年幼时（通过学校教育）和年老时（通过养老金和医疗保健服务）从中获得福利待遇。图 2 展示了人们在不同年龄阶段向国家的缴款情况，我们从中可见英国明显地表现出这种模式。事实上，绝大多数英国人一生当中在福利国家的投入和收获大致相当。[24] 福利国家的这一保险原理同时伴有这样一种经济论证，即对公民的投资是国家经济发展战略的关键一环，它有助于保障最有能力且最具生产力的劳动力。[25]

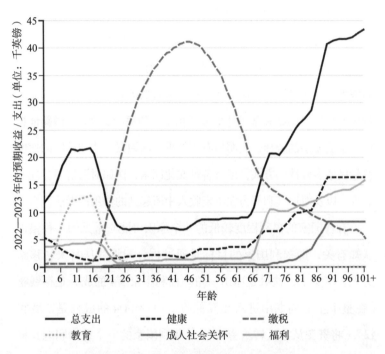

图2 英国缴税、公共服务和福利支出的代表性年龄分布

注：人们在工作年龄期间向福利国家缴款，在年幼和年老时从中获得福利待遇。

对社会契约条款的看法不同是源于一个根本性问题：社会契约的目标应当是什么？19世纪末20世纪初兴起的古典福利经济学认为，其目标是追求社会中的个体所能获得的整体"效用"或者满意度的最大化。效用体现在市场价格中——假如你愿意为一定的薪资付出劳动或者为一件产品支付费用，这就体现了你从该项活动中获得的效用。最近，越来越多的经济学家开始把效用更广泛地定义为福祉（不只是商品和服务消费），将使人幸福的因素纳入其中，比如良好的健康状况（心理健康和身体健康）、和谐的人际关系和有意义的工作。福祉可以通过调查进行衡量。多个国家和地区，比如不丹、爱尔兰、新西兰和苏格兰，正试图将这种更广泛的衡量方法应用于社会契约中。

传统效用主义的批判者，比如诺贝尔奖得主、经济学家阿玛蒂亚·森，表示社会契约的目标不应当只是满足人们的需求，还应当是提升公民素质，使其过上理想生活。[26] 收入和市场价格并非全部因素，因为个人获得学识、充足的营养、住所或政治自由所需的资源不尽相同。这就使得社会契约的目标不再局限于收入，而是延伸到更公平的结果以及实现美好生活的能力上。这还表示如果个人的选择受限，比如无法享有获得教育或医疗保健服务的权利，社会契约就辜负了他们的期望。我的观点是：社会契约的目标应当依社会而定，还应当考虑更广泛的事项，包括收入和主观幸福感，以及能力、机会和自由。这一观点构成了本书的分析基础。

对社会契约目标的共识，往往影响到社会契约在多大程度上是由私营部门提供的，又在多大程度上是由公共部门提供的，各国的情况大不相同。几十年来，它从广义上定义了政治的左翼和右翼，但这些定义在近些年已变得模糊不清。英国前首相玛格丽特·撒切尔有一句著名的言论："根本就不存在'社会'这种东西。世上有男性个体和女性个体，还有家庭。政府只有通过民众才能有所作为，而民众首先必须指望自己。我们有责任照顾自己，然后是照顾邻里。"[27]该观点中隐含的社会契约是高度依赖个体责任的——由家庭负责养育子女，鼓励私立学校的发展，仅提供最低限度的收入支持，严重依赖私营保险市场来抵御意外、伤残和环境破坏（如洪水）等风险。

还有人则认为，国家应当最大限度地发挥作用，以补偿运气对人生机会的影响，确保实现更高水平的经济公平和社会公平。富兰克林·罗斯福在第二次就职演说中指出："检验我们进步的标准，不是看我们是否为富裕者锦上添花，而是看我们是否使贫困者丰衣足食。"[28]为应对大萧条的影响，他积极运用国家干预手段，提供最低收入和大量工作岗位，使政府成为经济中的最大雇主。罗斯福新政还对各方力量进行再平衡，为工会、佃农及移民劳动者创造有利条件，同时对银行实施更严格的监管，以避免再次发生金融危机。

有关私营部门在社会契约中的地位问题一直争论不断，但这个问题在最近更为凸显，因为有更多的企业领导者认为，随着经济危机接连爆发和公众期望不断提高，企业应当承担起更广泛的责任。通常以米尔顿·弗里德曼为代表的保守主义观点认为，企业的职责就是创造利润、遵守法规、支付市场工资及纳税。通过履行这些职责，私营部门可以对社会做出最大的贡献。[29]但是，长期以来，企业对自身角色有着更全面的看法，它们有时会支付高于市场水平的工资，或者提供诸如养老金和医疗保健服务等范围更广泛的福利，还与员工分享企业利润。这种传统正在卷土重来。企业的压力与日俱增，它们不能只关注短期利润，还需要关注更广泛的社会利益——这就是所谓的利益相关者资本主义。支持者认为，这不是企业在大发慈悲，而是企业实现长期价值最大化的方式。[30]

在实践中，大多数国家的社会契约的特点是实行跨部门的个体责任与集体责任组合。以向来保守的瑞士为例，瑞士公民有相当低的税负水平，这是典型的小国做法，但有很高比例的年轻人接受高等教育，并且他们的教育费用大多由国家承担。不过，这些年轻人中有一半左右走向职业道路而非从事纯粹的学术研究。瑞士还实行复杂的地区再分配制度，地方分权水平较高，并通过全民公决实现地方民主。再看新加坡这个年轻的多民族国家，它的组织原则是基于自由市场而非大政府，也有较低的税收水平和监管力度，但超过 80% 的人口住在组屋（为实现族群平衡的社会工程），而且所有男性必须服至少两年兵役，以增强国家凝聚力。

针对特定部门，许多国家采取的个体责任与集体责任组合也差异巨大。以高等教育的融资方式为例，从经济上来说，高等教育既是一项私人福利（为个人带来更高的收入），又是一项公共福利（培养素质更高、生产力更强、犯罪更少且积极履行责任的公民）。[31] 不同的国家如何决定对下一代人的生产力投资多少以及由谁支付这些投资？美国偏向个体责任，欧洲大陆及多数新兴市场偏向集体责任，英国则处于两者之间。美国更加以市场为基础，由学生个人申请半商业性质贷款并在工作后偿还。英国则是由学生贷款支付学费并在收入达到一定水平后偿还。欧洲大陆和大多数新兴市场的高等教育主要依赖国家财政，但因为高等教育是免费的，而资源是有限的，所以学生数量众多常常意味着教育质量得不到保证。中国实行的是国家财政支持的教育制度，加上独生子女政策的影响，除政府支出外，还有6个成年人（父母、祖父母和外祖父母）的大量私人投资作为补充，作为回报，他们会期望老年得到赡养。以上每种模式所体现的关于上一代人对下一代人所负的责任的观点截然不同。

是什么瓦解了社会契约？技术和女性角色的转变

过去，社会契约在社会剧变中被重新定义——大萧条给美国带来了罗斯福新政；两次世界大战为英国《贝弗里奇报告》的提出提供了背景；去殖民化运动促使能动主义政府热切推动经济和社会发展；长期衰退和通胀为撒切尔改革及里根改革提供了思想变革的环境，并进而影响着当前的一些政策思路。这正是我在本书中的论点，即现在的许多挑战——民粹主义的抬头、对全球化和技术的抵制、2008年金融危机后经济的受创、新冠病毒的大肆流行、有关女性社会角色和种族主义的文化斗争，以及针对气候变化的青少年抗议，构成了新社会契约的前导。

直到20世纪末，社会契约一直建立在这样一个前提之上，即家庭中有且仅有一名男性养家糊口，女性负责照顾子女和老人。一般还存在这样的假定，即人们一旦走进婚姻后就不会离婚，并且只在婚后生育。人们职业稳定、变动很少，在学校得到的教育及学到的技能足以受用终身。大多数人只有几年的退休时间，老年的生活所需由家庭提供。

以上假定仍是当前社会契约中许多条款的基础，但现实情况已远非如此。当今世界一半的女性受雇于劳动力市场且女性就业率几乎在全球都有增长趋势。在发达经济体中，1/3~1/2 的婚姻以离婚告终；在大多数发展中国家，离婚率虽然相对较低，但在普遍上升。非婚生子女的比例日益增长。普通劳动者在其工作生涯中换工作的次数变得更多，技术还可能加剧这一趋势。许多发展中国家仍处于正式部门（规定合同义务并定期支付工资的固定工作）劳动者人数日益增加的早期阶段，而越来越多的迹象表明，发达经济体的劳动力市场呈现出非正式性，因为有更多劳动者受雇于几乎没有福利的不稳定工作。

20 世纪末，技术发展和女性角色的改变成为现行社会契约的两大压力来源。20 世纪八九十年代的技术创新，比如互联网和集装箱运输，极大地减小了通信成本和运输成本，实现了通过全球一体化供应链使用来自多个国家的零部件生产商品，掀起了最新的全球化浪潮。[32] 大部分制造业从发达经济体转移到新兴市场，特别是中国。其结果是许多发达经济体内工业社区中产阶级的工作岗位出现空心化。[33] 各国总体上变得更富裕，但也变得更不平等和更不稳定。包括在许多发展中国家，技能水平较低的劳动者深受其害，而受教育程度和技能水平较高的劳动者收入见涨。在劳动力市场监管不严的国家，比如美国和英国，劳动者很容易被解雇，这导致技能水平较低的劳动者的工资水平停滞不前。在劳动力市场监管较严的欧洲大陆，这意味着技能水平较低的劳动者的失业率很高，因为企业不愿意增设岗位。

另外，随着发展中国家，特别是中国，新增数百万制造业就业人口，这些经济力量让世界见证了前所未有的脱贫速度。图3是为众人所熟识的"大象曲线"，形象地展现了从1989年柏林墙倒塌到2008年大衰退期间全球收入分配情况。这段时间，技术创新和全球化的最大受益者是收入最高的1%人群——位于曲线最右侧。其他主要受益者是位于全球收入分配第10—60百分位的人群——代表发展中国家的穷人和中产阶级。收入损失最大的人群是发达经济体的下层中产阶级，他们位于全球收入的第70—90百分位。

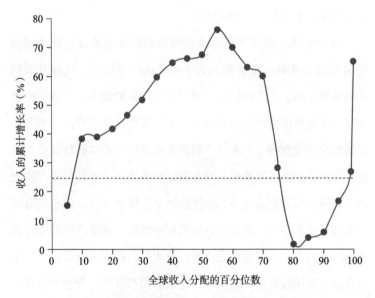

图3　在近期的经济增长中，收入排名前 1% 的人和发展中国家的人受益最多

　　　　　　　　　　　　　　　　　　　　新社会契约

这是在发达经济体引起政治不满的主要因素之一。曾经在制造业这样的部门拥有高薪工作、期望过上中产阶级生活的劳动者陷入挣扎。有人将其归咎于全球化，有人将其归咎于移民。事实上，虽然全球化加速了变革的步伐，但是证据表明，技术进步才是造成发达经济体中低技能水平劳动者工资减少的罪魁祸首，能从技术进步中受益的是那些受教育程度较高的劳动者。不用说，人们越来越憎恨收入最高的1%人群，是他们从全球化和技术进步中得到了好处。

但事情本不必如此。假如国家能出台政策帮助劳动者适应新形势，那么负面影响就会大大减少。例如，在美国，面对中国融入全球经济带来的巨大冲击，一项名为"贸易调整计划"的政策应运而生，为劳动者提供培训、安置补助及工资保险。但该政策长期资金不足且准入门槛较高，以至于几乎没有人能从中受益并找到新工作。[34] 面对移民的迅猛增多，英国出台了一项帮扶地方政府的应对政策，名为"移民影响基金"，但可用资金太少。相比之下，有些国家做得更好，比如丹麦，在积极的劳动力市场政策上投资更多，为所有劳动者提供慷慨的支持，以帮助他们应对经济动荡。

社会契约的另一大压力来源是接受教育的女童以及走出家庭进入劳动力市场的女性大规模增多。几乎世界上的每个女童如今都能获得初等教育，大多数国家接受中等教育者的性别差距已经消失，接受大学教育的女性人数有史以来首次超过男性。教育发展带来的一个影响是，一半左右的女性现在就职于正式劳动力市场，这让她们无偿为家人提供照顾变得越来越困难。

在世界上最富裕的国家，比如挪威和瑞典，以及最贫穷的非洲国家，比如莫桑比克、埃塞俄比亚和尼日尔，女性劳动力参与率最高（60%~80%）。[35] 在南亚和中东，尽管女性教育得到推进，但传统观念阻碍了女性角色转变的进程，女性劳动力参与率往往最低（20%~40%）。[36] 南亚和中东的人口仍然年轻，女性花更多时间无偿地照顾子女。但这种情况在未来几十年必将改变，因为女性教育正在改变女性的偏好和机会。

在女性用于无偿家务劳动的时间更少的地方（比如有自来水或节省体力的家电），或者当男性分担家务劳动时，女性在外工作的能力提升得最快。[37] 还有明确的证据显示，在那些家庭福利（比如儿童托育和育儿假）支出更多的国家，更多的女性得以外出工作。在那些不提供类似福利的国家，女性的就业率相对较低。

尽管如此，劳动力市场女性增多的总体趋势很可能将加快并蔓延至全球，给社会契约带来重大影响。随着制造业就业人口（男性居多）所占比例下降，医疗保健和教育等服务行业岗位（往往是女性就业者居多）增多，女性就业将进一步扩大。随着从高校毕业的群体中女性占比超过男性，女性在劳动力中的占比只会有增无减。

与此同时，经济压力将不断促使政策制定者想办法充分利用女性人才。国际货币基金组织的最新估计显示，消除劳动力市场上的性别差距能使劳动者得到更有效的配置，使其在岗位上做出最大贡献，因此不仅能增加经济产出，还能提高整体生产力水平。[38] 其潜在的经济效益巨大。更高水平的女性就业率对于维持政府预算尤其是养老金预算十分关键。像日本这样的国家已经认识到，促进更多女性就业和缴纳养老金对赡养老龄化人口至关重要。第 2 章将展示抚养子女方式的改变如何促进女性人才的更好利用。

社会契约面临的新压力：老龄化、人工智能和气候变化

社会契约正处在技术变革和女性经济角色改变的重压之下，同时还将面临其他压力。医疗进步延长了人类的寿命，这代表世界各地都在发生人口老龄化，尽管老龄化速度有快有慢。2018 年，全球 64 岁以上人口的数量有史以来首次超过 5 岁以下人口的数量。

人口结构的变化趋势对代际社会契约具有巨大影响。在老龄化速度最快的日本，每 10 个劳动力要养活 4 个老年人和 2 个 15 岁以下的孩子。与之形成对比的是，在人口年轻化的尼日利亚，每 10 个劳动力要养活 8 个孩子和 0.5 个老年人。在欧洲，平均每 10 个劳动力要养活 3 个老年人和 2 个孩子。根据现在的人口预测，这些比例将更加失衡。例如，日本到 2100 年将只有一半人口工作，另一半人口非老即幼。社会将如何赡养老年人口，赡养责任又将如何在家庭和国家间分配？政府在适龄劳动人口缩减的情况下将如何支付养老服务？让女性加入劳动力市场只能解决部分问题，我们将在第 6 章探讨如何实现人道且可持续的养老。

如何满足人们对医疗保健服务持续增长的需求，我们将在第4章讨论。

除老龄化压力外，我们还正在经历由人工智能和机器学习驱动的技术变革浪潮。这些新技术对高技能水平劳动者及城市人口有利。过去，全球化促使资本在全世界范围内流动以寻求廉价劳动力。欧洲或美国的服装制造商将工厂迁至孟加拉国或越南等工资水平更低的国家。在现代知识型经济中，资本在全球流动以在大城市寻找技能型劳动力资源。例如，需要高技能员工的数字公司一般设在上海、班加罗尔或旧金山，因为高技能劳动者通常聚集在各大高校和文化中心周围。这种新态势如果得不到妥善应对，就会带来收入不平等和地区差距扩大的风险。

虽然在估计上存在差异，但自动化很可能在未来20年对50%的岗位产生影响。与上次技术变革浪潮不同，这次变革影响的将不只是制造业，还有服务业，从超市员工到货车司机再到律师和会计师都会受到影响。[39] 它还将同时影响发展中国家和发达经济体，因为机器人的应用将使以前转移到低薪国家的制造业岗位"回岸"至高薪国家。新冠病毒的流行可能会加速这一趋势，因为企业试图简化供应链并将其本地化，不过办公地点更加灵活可能导致工作岗位的地理分布更加分散。

有不少论调称，自动化会造成岗位消失和大规模失业，国家需要出台某种政策，比如实行全民基本收入，支持那些被机器人取代的劳动者。但最有可能出现的情形不是岗位消失，而是岗位性质会发生变化。自动化可以替代劳动力，但也能辅助劳动力并创造新的就业机会。重复性日常工作将实现自动化，机器将增强人类的能力，那些具备与机器人互补技能的人将取得最好的结果。[40] 与机器人互补的技能包括创造力、情商以及与人合作的能力等等。这会带来的风险是，那些具备更高技能的人将因技术红利而遥遥领先，那些从事重复性日常工作的人将被甩在身后。第3章（"教育"）和第5章（"工作"）将提出可行的方案，以应对这一日益严峻的挑战。

与此同时，世界各地的年轻人不断进行环境抗议，这表明他们已对社会契约感到失望透顶，因为他们感觉现行社会契约在剥夺他们拥有宜居的地球的权利。据联合国政府间气候变化专门委员会估计，人类活动已经导致全球气温高出工业化前水平1℃，造成极端天气事件、海平面上升和物种灭绝等严重后果。[41] 当前全球损失了80%左右的森林覆盖面积。农业用地每年流失600万~1 200万公顷。[42] 世界上的野生生物在过去40年里减少了一半。[43] 联合国粮农组织发现，全球33%的渔场都存在不可持续的过度捕捞问题。[44]

是否有可能补偿当前和未来几代人的环境损失呢？许多人会争辩说，环境具有内在价值，不适用经济上的补偿概念。有些损失，比如物种灭绝，是无法挽回的，因此人们不可能知道哪些未来利益已经消失。此外，科学家认为，如果气温升高超过一定水平，我们就会面临洪水灾害、极端天气事件、农业崩溃和最终的生态崩溃等毁灭性风险，任何补偿都可能无济于事。第7章探讨了代际契约并展示如何在代际之间实现更大程度的公平。

社会契约将何去何从

社会契约定义了我们在社会中对彼此可以抱有何种期望。技术进步、女性角色改变、老龄化和环境担忧等一系列事情意味着我们以前的经济及社会模式正面临压力。在新冠病毒大流行期间，社会中的最弱势群体清晰地显现出来，让社会契约中的裂痕格外扎眼。我们在许多国家看到的政治动荡预示着我们若不重新思考对彼此的义务将下场如何。如果我们能调整期望，提供应对变化的契机和支持，就有可能取得让我们及子孙后代在未来繁荣发展的新共识。

更适应 21 世纪需求的新社会契约是什么样的？

以下各章将重点介绍社会契约从摇篮到坟墓的关键要素——养育子女、应对健康问题、帮助人们适应新的经济环境、赡养老人，以及平衡各代人的利益。书中的例子和教训都是借鉴了全球各地的经验，展示了社会契约面临的各方压力及其被重新定义的多种方式。本书将重点关注解决方案以及如何落实，同时认识到没有所谓的"正确"答案。社会契约必须被嵌入社会价值观中并反映社会价值观，而社会价值观必须由我们所有人共同定义。

我认为，在设计新社会契约时可以遵循三条总原则。首先，每个人都应当获得能过上体面生活的最起码保障。这一保障应当覆盖基本的医疗保健服务、与工作相关的福利待遇、教育，以及使老年人免于贫困的养老金，具体的保障水平取决于社会的支付能力。其次，每个人都应当被寄予能做出尽可能多的贡献的期望，并通过终身培训、延迟退休年龄以及提供促进女性就业的公共托育等方式，被赋予尽可能多的机会实现这一点。最后，抵御疾病、失业和衰老等风险的最低保障最好由社会共同提供，而不是要求个人、家庭或雇主独自承担。

推动当今世界经济的强大力量——全球化、资本主义、人口变化、技术创新和环境开发——带来了巨大的物质进步，但我们的社会契约对由此产生的负面影响应对不力。我认为，重建社会契约能在保存现有福利的同时为所有人带来更好的机会结构。此外，它还能突破被失望和愤怒裹挟的恶性政治循环。构想新社会契约还将有助于解决更基本的任务——改变我们在家庭和社会中的期望与行为，并影响我们对雇主和政府的要求。接下来的章节旨在促成这样一场对话——我们将来对彼此负有何种义务。

第 2 章

儿童

　　是否生育子女，以及如果生育子女由谁来照顾，尤其是孩子年幼时，这些完全是由个人决定的。我们是选择让一个家长留在家里照顾，还是使用正规的托育服务，或是依靠孩子的（外）祖父母，将取决于个人偏好（有时是道德或宗教信仰）、社会规范和经济环境等一系列因素。然而，这些看似个人的决定具有重大的社会影响。那些没有受到充分的家庭照顾的孩子通常在学校和工作中表现吃力。他们不太可能发挥出自己的潜力，成为富有生产力的公民，为共同利益做出贡献。他们的子女也不太可能做到这些，因为缺陷会代代相传。由于这些广泛的社会影响，政府几乎不断制定政策来帮助家庭把子女抚养好，这表示政府对家庭应当采取何种组织方式持有（暗含的或明确的）不同看法。

　　以民主德国和联邦德国截然不同的经历为例。截至 20 世纪 80 年代末，民主德国有着世界上参与率最高的公立学前托育。大约 70% 的 3 岁及以下婴幼儿都接受了正规托育服务，几乎所有 3~6 岁的儿童都注册入托。[1]政府政策的重心是让母亲快速回归工作，所以育儿假时间短，公共托育覆盖面广且费用全免。根据当时的社会规范，这对母亲和子女都是可取的。这也符合社会主义经济中男女地位更加平等的观念。

与之形成对比的是，联邦德国对待家庭的方式更传统，提供时间更长但薪酬水平较低的育儿假，缺乏由国家补贴的托育服务，实行夫妻共同纳税，这些都抑制了母亲参加工作的积极性。支撑这种做法的基础是辅助性原则，即社会服务责任在地方分权的联邦制度中被分配给最基层。家庭责任先于公共供给，慈善组织先于国家保障，地方福利先于中央政府。因此，在联邦德国，母亲留在家里照顾子女是常态。德国统一至今已有 30 年时间，但这种辅助性原则以及拒绝将家庭责任纳入公共领域的意愿意味着东西两部分之间的差异依然存在。[2]

判断哪种制度更好，取决于人们的思考方式和优先选择。有些人会认为应当从公平角度出发做出社会选择，促使男性和女性拥有平等的生活机会。有些人则会优先选择让母亲照顾年幼的子女，因为他们认为这样对子女和家庭都最有利。

照顾子女的最好方式是什么呢？这个问题没有唯一的答案，但不管采取哪种方式，都将对女性的工作生涯造成重大影响。这两个问题在当前是密不可分的。同样明确的一点是，为了让我们的子女拥有最好的人生起点，我们不能把照顾子女视为无偿劳动，而必须使其成为一项重要的社会基础工程。本章将总结证据，评估不同的社会契约如何影响女性经济角色和儿童福利。

人尽其才的经济

当今，围绕女性经济角色改变的紧张局面存在许多争论。例如，受教育程度越来越高的女性如何才能克服某些行业和国家的性别歧视？为什么女性薪酬少于男性？为什么同工同酬法几乎不见成效？女性面临的家庭内外的双重工作负担如何才能得到减轻？在出生率下滑的国家，面对不稳定的收入、地球人口超载的焦虑，如何说服年轻人组建家庭？在出生率居高不下的非洲，如何让女性获得教育、做好避孕，从而让她们对自己的家庭规模有更多的选择？这些争论体现了社会契约中的裂隙，教育和经济需求与社会规范正背道而驰。

从经济角度来看，我们因没能更好地促进女性参与劳动力市场而蒙受的损失巨大。1960 年，美国 94% 的医生和律师是白人男性。50 年后，这一比例降至 62%，因为更多的女性、黑人男性和少数族裔群体被给予从事这些职业的机会。更好地利用经济中的全部人才能带来效益，这解释了为什么美国 1960—2010 年的生产力增幅达 20%~40%。[3] 这一点值得仔细考虑——美国经济生产力的极大提高并非单独凭借白人男性，而是因为扩大了人才利用的范围并且把岗位安排给最适合的人。经济效益的取得，不光是因为女性进入了她们所擅长的职业领域，还因为能力不足的男性被女性取代。[4]

历史上，人才的配置不当有很多原因，关于由谁做哪类工作的社会规范便是其中之一。这种社会规范按当代标准常常与歧视无异。鲁斯·巴德·金斯伯格（后来就职于美国联邦最高法院）于 1959 年以全班第一的成绩从哥伦比亚法学院毕业。尽管如此，她在毕业后找工作时仍困难重重。"一个犹太人、女性、母亲，简直太难了，"她在一次采访中解释道，"这三重身份将我彻底排除在就业市场之外。"[5] 如果父母、教育机构或者雇主不能对所有群体一视同仁，那么不同的人就无法获得同等的机会。虽然性别歧视、种族歧视、伤残歧视、性取向歧视以及其他各种歧视在许多地方都不合法，但歧视现象仍然普遍存在。例如，许多研究发现，求职申请上的女性名字会带来该求职者能力不足的预判，招聘单位通常还认为母亲在忠诚度和竞争能力方面不如父亲。[6]

如今，教育机会的分配更加公平，许多国家（尽管不是所有国家）已经将性别歧视列为不合法。多亏了机械化和自动化，许多手工工作对体力的要求不再那么重要，这类岗位得以向更多不同的劳动者开放。现在，军队或出租车行业中看到女性并不稀奇，而这些行业过去曾是男性的专属。网络求职平台旨在将求职者匹配到最合适的工作岗位上，实现了人岗匹配的变革。有关男性和女性能做哪些工作的社会规范也正在发生改变。比如，护理行业的男性从业者越来越多，而在传统上由男性从事的工程和法律等行业中，女性从业者的比例有所扩大。此外，大多数有子女的家长会发现，孩子的天赋和兴趣并不总是符合性别刻板印象。

尽管如此，女性仍旧在家庭中承担着最重的照顾责任。随着国家变得更加富有，清洁、烹饪、购物和家庭管理等日常家务活儿越来越多地被洗衣机和吸尘器等机器承担，但照顾子女和老人

　　　　　　　　　　　　　　　新社会契约

仍然是一项非常消耗时间的事情，所需时间在收入水平不同的国家间相差无几。即使女性从事的有偿工作更多，她们仍然承担着大量的无偿家务劳动——通常被称为"第二班工作"。[7] 全球的女性平均每天比男性多做两个小时的无偿家务劳动。基于来自 90 个国家的数据，国际货币基金组织发现这种差异在主张平等的挪威最小，那里女性在无偿家务劳动上所花时间比男性多 20%；在高度不平等的巴基斯坦最大，那里的女性在无偿家务劳动上所花时间是男性的 1000%。[8]

在发达经济体，有迹象显示家庭劳动分工正在发生转变。一项研究发现，2000 年以来，女性每天在无偿家务劳动上所花时间比 1916—1989 年少半个小时，这半个小时现在被用在有偿工作上。与之相反，男性从事的有偿工作有所减少，他们每天多花 40 分钟做无偿家务劳动。[9] 这种夫妻间分工的再平衡在受过高等教育的女性中最为明显。

但在发展中国家，这种再平衡尚不明显。来自 66 个发展中国家的数据显示，女性在无偿家务劳动上所花时间是男性的 3.3 倍。[10] 在家庭照顾责任分配最不平等的国家，女性在一生当中每年至少多花 10 周时间做这些额外劳动。大一些的孩子（几乎都是女孩）也经常要负责照顾年幼的弟弟妹妹，但据估计，全球有 3 500 万 5 岁以下儿童得不到照顾。尽管发展中国家的男性确实有参与照顾子女，但在付出的时间上，他们的说法与他们妻子的说法通常差别巨大（许多女性读者看到这可能会会心一笑）。例如，37% 的印度男性称自己每天都照顾子女，但只有 17% 的印度女性称男性会参与其中。在巴西，这种悬殊更大：39% 的男性称自己每天都会照顾子女，而只有 10% 的女性表示情况确实如此。

所以，虽然女性受教育程度得到提升，就业选择变多，工作上有机械化辅助，社会规范也发生了改变，但是优化人才配置的最大障碍仍然存在——在世界各地，一旦女性育有子女，她们就会退出劳动力市场或者换一份报酬更少的工作，以在有偿工作和照顾责任之间取得平衡。[11] 男女收入存在差距的很大一部分原因是，允许女性履行家庭责任的工作一般要更灵活、非全日制或者所需工作时长更短——通常是时薪更低的工作。因为女性工作时间少，所以她们缺乏经验积累，从而阻碍了职业发展，导致收入一直很低。[12] 除此以外，许多生育后退出劳动力市场的女性不再回归工作，这通常是因为长期不工作让重返岗位变得非常困难。

归根结底，一个真正性别平等、能让女性人才充分施展的劳动力市场才能使女性生产力和男性生产力都得到提高。其中的经济效益可能是巨大的——消除性别差距可以使 GDP（国内生产总值）增长 35%，因为女性会为职场带来额外的技能。[13] 为了取得这些经济效益，我们需要重新思考我们的社会契约所提供的育儿方式。

家庭 VS. 国家与市场

在每个国家，关于照顾子女的男女分工和在哪儿照顾子女的规范都由社会契约确立。前者取决于产假和育儿假的分配。后者取决于国家提供的是鼓励家庭照顾的现金福利，还是鼓励使用托儿所等配套机构的公共育儿补贴。

总的来说，有两种模式。一种是强调家庭作用的模式，该模式不为个体提供或仅为其提供很少的经济、社会支持。南欧和东亚国家是采取这种模式的典型代表。这些国家的政府政策重视提供假期（通常针对母亲），以便她们能独自承担起育儿责任。即便国家提供育儿支持，也是以福利津贴的形式，这还是提倡家庭育儿。另一种是强调公共责任的模式，该模式通过提供以国家或市场为基础的托育服务，如免费或有补助的托儿所，促使个体能够独立于家庭关系之外履行育儿责任。北欧国家以及像法国这样的国家提供了这种模式的例子，这些国家提供由国家财政慷慨支持的托育服务。[14]

不出意料，这两种模式引发了激烈的争论，它们根植于不同的价值观，即我们的社会契约应当在多大程度上基于个人，或在多大程度上基于家庭。家庭模式强调更加传统的男性及女性角色，鼓励子女众多的家庭成员以及几代人之间相互依存并互尽义务——祖辈（通常是祖母或外祖母）照顾孙辈并在年老时得到照顾。个体模式使得个人能够不局限于传统框架来安排自己的生活，比如成为单亲父母，在家庭构成上倡导更大的灵活性。

因此，在照顾子女中，祖辈的参与程度能很好地说明一个国家的育儿方式是在多大程度上基于家庭的。育儿过程中的祖辈参与度在世界各地存在巨大差异：在欧洲和美国，由祖辈照顾的儿童占比不足 10%；东亚地区的这一占比为 30%；撒哈拉以南非洲的这一占比则高达 75%。[15] 这其中有人口结构的原因。在女性生育较晚的老龄化社会，祖辈家庭成员通常岁数较大，没有能力帮忙照顾儿童。而在许多非洲地区，祖母们才 50 多岁，有能力照顾孙辈，从而让自己的子女去工作。

在中国，由祖辈照顾的儿童占比或为最高，在上海、北京和广州，分别有 90%、70% 和 50% 的儿童由至少一位祖辈家庭成员照顾，其中有一半的情况是儿童完全由祖辈照顾。[16] 这反映出的是中国的独生子女政策（致使多个祖辈成员只有一个孙辈）、有限的国家育儿福利、国家的文化传统、较早的退休年龄，以及人口从农村到城市的大规模迁移（导致中国有些村庄只剩下孙辈和祖辈人口）。[17]

哪种方式更好——是由祖辈照顾，还是使用正规的托育机构？这里没有"对"的答案，家庭可以根据自己的情况和偏好进行选择。一项研究发现，由祖辈照顾的儿童似乎普遍有更大的词汇量，这可能是因为祖辈能提供儿童与成年人更密切的一对一互动。但是，在其他认知测试中，比如与入学准备相关的非言语推理或数学概念，由祖辈照顾的儿童表现得较差。这些差别对弱势家庭的儿童影响最大。[18]

在社会契约更传统、更以家庭为基础的国家，以及在提倡家庭外部育儿模式并倡导男性参与的国家，这两种模式对有偿劳动力市场中的女性参与率有何影响呢？哪种模式在将来最可行呢？

新社会契约

发达经济体的育儿方式

在较发达经济体中，（不管是以家庭为基础还是由国家提供的）育儿支出平均占 GDP 的 0.6%。相比之下，教育支出和健康支出分别是育儿支出的 8 倍和 21 倍左右。[19]（至少支付部分薪酬的）育儿假的平均时长为 55 周。正如前文所示，最慷慨的国家是北欧国家和法国，最不慷慨的国家是南欧国家、澳大利亚、新西兰、瑞士、墨西哥和土耳其。

在经合组织成员这些较发达经济体中，男性的带薪育儿假远没有女性的长，平均只有 8 周。在法国，男性享有相对慷慨的、为期 28 周的带薪育儿假，但在新西兰、加拿大和瑞士，父亲根本没有育儿假。不过，这一点正在改变。根据欧盟委员会的最新指令，到 2022 年，所有成员国必须提供至少 4 个月的育儿假，其中 2 个月可以由父母一方转让给另一方使用。德国和瑞典走得更远，分别提供 14 个月和 16 个月的育儿假，全部都能由父母共同使用。芬兰现在为所有男性提供 7 个月的育儿假。

对比之下，美国是一个主要的异类：它是唯一一个没有法定带薪产假或陪产假政策的发达经济体。自 1993 年以来，《家庭与医疗休假法案》确保符合条件的劳动者每年可享有 12 周的医疗事由假（包括生育），但休假期间不支付报酬。美国的育儿公共支出远远低于经合组织成员的平均值，占 GDP 的 0.35%，所以美国家庭在照顾子女方面投入了相当大比例的个人收入，具体比例在不同收入群体中存在巨大差异。[20]

这些政策选择对家庭的工作模式具有重大影响。在北欧，有相对慷慨的育儿福利和育儿假安排，夫妻都从事带薪工作的双职工家庭最为常见。例如，丹麦55%的夫妻和芬兰59%的夫妻都是双职工。在欧洲大陆，"1.5个人挣钱养家"的模式——丈夫从事全职工作，妻子主要从事兼职工作——更普遍。法国和比利时实行混合模式，为女性提供时间长、薪酬高的育儿假，特别是当子女年幼时，但她们也被支持在情况允许时从事全职工作。[21] 经济自由主义福利国家，比如英国，提供多种基于私人市场的解决方案（比如育儿券），并使公立托儿服务主要面向市场失灵的地方或有迫切需要的家庭，比如非常贫困或面临其他困难的家庭。[22] 这带来的结果是使大多数女性处于"次要收入者"的地位。在南欧，社会契约倾向于家庭育儿，"男性挣钱养家"模式最普遍。[23] 发展中国家的大部分地区情况也是如此。

发展中国家的育儿方式

发展中国家的育儿方式仍然以家庭育儿为主，并且这一趋势呈现上升迹象，因为许多女性受雇于非正式部门，没有休产假的法定权利。据国际劳工组织估计，发展中国家仍有8.3亿在职女性无法享受产假。[24] 在亚洲、非洲和中东的大多数国家，法定产假为12~13周，产假期间的薪酬按照之前工资的100%支付。但受雇于正式劳动力市场的女性人数太少，以至于事实上很少有人从中受益。

目前，个别亚洲发展中国家开始提供陪产假，但普及速度慢、保障水平低——菲律宾提供 7 天陪产假，孟加拉国、柬埔寨和越南提供 10 天陪产假，中国和印度没有陪产假。陪产假在非洲和中东很少见。可以由夫妻共享的育儿假在发展中国家更不常见（仅有的例子是布基纳法索、乍得、几内亚、尼泊尔和蒙古国），带薪育儿假基本不存在。但是，已经有证据显示，那些提供育儿假的发展中国家正在因女性就业率的提升而受益。[25]

不过，在这一背景下，也有许多发展中国家的公共育儿支持不断增加，这不仅促使更多女性得以走出家庭去工作，还为其他女性创造了在育儿行业工作的机会。在墨西哥，"儿童看护"计划提供每天至少 8 小时、每周至少 5 天的托育服务，配有合理的工作人员比率、富有营养的食物和一项教育项目。该计划 90% 的成本由公共财政支付，意味着大多数参与计划的儿童来自特困家庭。将子女送到托育中心的女性平均每天可增加 6 个小时工作时间。该计划还为多达 4 万名女性提供了就业。印度的类似计划有超过 100 万名儿童参与，南非的类似项目已经为 2 万多名女性提供了就业机会。[26]

育儿方式与女性就业

广泛的研究表明，随着托育费用下降，更多的女性进入劳动力市场。[27] 在支持母亲回归工作方面投入更多的国家，能从更高的女性劳动力参与率中取得经济效益（见图4）。便利、负担得起且高质量的托育服务有助于母亲取得工作和生活上的平衡，领受率在有部分公共补贴时最大。许多其他影响因素也很重要——女性受教育水平、平均工资、社会规范以及育儿法规，但社会契约最慷慨的国家有持续更高水平的女性就业率，以及保持人口稳定的生育水平。

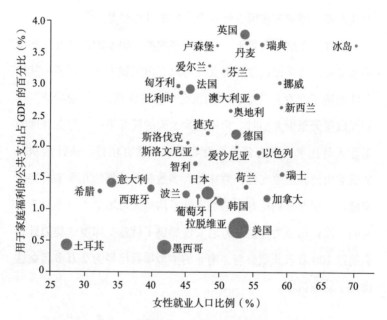

图4　经合组织国家的女性就业率与用于家庭福利的公共支出，2015 年

注：国家在家庭福利方面的支出有利于女性参与就业。

　　然而，国家之间也存在显著差异。在大多数发达经济体，男性和女性的收入变化在早期遵循类似规律，然后在生育第一个孩子后急剧分化。女性会经历收入的陡然下降，而男性基本不受影响。这种女性在生育第一胎后的 5~10 年内收入下降的现象被称为"孩刑"，其降幅大小差异显著：从瑞典和丹麦的 21%~26%，到德国和奥地利的 31%~44%，再到英国和美国的 51%~61%。[28] 短期来看，这些差异与有关育儿假和育儿服务的政策有关，但这并非全部真相。从更长远的角度来看，有关男性和女性不同角色的文化规范，以及有些国家盛行的母亲应当待在家里的传统观念，似乎起到更重要的作用。[29]

几个正在努力应对人口下降的国家和地区，比如日本、韩国和中国台湾，已经扩大了对家庭的财政支持，以此希望遏制住生育率下降的趋势。[30] 世界上生育率下降最剧烈的日本和韩国，现在提供最慷慨的带薪陪产假——一整年，但只有不足 3% 的男性使用这一假期。这是为什么呢？韩国一项名为"想休又休不了"的最新研究发现，尽管许多 20~49 岁的已婚在职男性想休陪产假，但又因为担心被其他男性视为不正常而放弃。即使他们都各自持有同样的想法，但对他人看法的误解仍对他们在生育孩子后休陪产假造成阻碍。[31] 类似地，尽管英国也有陪产假，但 40% 的父亲根本不休陪产假，不足 10% 的父亲休 2 周以上的陪产假。

这些努力之所以失败，是因为它们在强化以家庭为基础的育儿的同时，并没有提升男性承担更多的无偿育儿劳动的意愿。不转变男性的态度，只提供更多的公共育儿支持是不够的。但只要设计得当，政策可以鼓励行为改变。冰岛给家庭提供的选择似乎有效平衡了无偿劳动在男性和女性之间的分配。父母享有 9 个月的带薪育儿假——3个月由母亲独享，3个月由父亲独享，3个月由双方共享。如果父亲不使用属于他的假期，假期就会白白浪费。自2000年该政策推行以来，冰岛几乎所有的父亲都休陪产假，调查还发现，他们在子女的成长中发挥了更加积极的作用。[32]

像意大利、西班牙和爱尔兰等传统上以多子女天主教家庭为主的国家，正在面临人口下降的现实风险。这是为什么呢？育儿服务没有得到国家财政的充分支持，政策仍然倾向于以家庭为基础的育儿方式，男性几乎不承担无偿的育儿劳动。较高的失业率和工作的不稳定延缓了年轻人组建家庭和生育子女的能力，让情况雪上加霜。其结果是，这些国家的女性生育率是世界上最低的。

育儿方式对儿童的影响

改进育儿方式进展缓慢的一个原因是，传统观念认为女性外出工作会对子女产生不利影响。通常，这种观念背后的理念是，只有母亲才能为子女提供健康成长所需的照顾。但是，关于母亲就业对儿童成长的影响，证据显示究竟如何呢？父亲的影响又是怎样的呢？人们针对这一问题已经进行了大量研究。

心理学家认为，婴儿出生后的头几个月对大脑发育和情感发展十分关键。[33]推迟母亲返工时间能延长母乳喂养时间，还能使这一关键阶段中的亲子互动更多。研究还发现，母亲较早返工与子女在童年早期学习成绩较差之间存在某种关联。[34]综合各种实证研究，可得出的结论是：证据表明，将母亲的返工时间推迟至孩子一周岁以后对儿童有好处。[35] 当然，这些发现未考虑母亲丧失工作技能和经济独立的影响，也未衡量高质量的机构托育对儿童的影响。我们也没有足够的数据或研究去判断，父亲在婴儿出生后的头几个月待在家是否具有同等好处。

但是，随着儿童年龄的增长，他们会受益于看护人、同龄人和学校的额外影响。母亲在孩子 2~3 岁后返工与儿童更好的学习成绩和行为表现之间存在关联。[36] 一项针对 69 份研究的元分析发现，母亲就业与子女的不良表现之间几乎没什么关系；事实上，成绩测评似乎显示，儿童受益于母亲的就业。如果两者确实存在关联，那就是母亲返工比待在家里能让子女有更好的学习成绩和行为表现。[37] 所得到的育儿服务质量越高，这种改善程度越大。[38] 显然时机很重要——父母一方在儿童一岁以前待在家里具有积极影响，而在儿童两三岁时回归工作通常对儿童的学业有积极影响。

最近，多个国家延长了产假，希望以此提高儿童福利。例如，德国在 1992 年将产假从 18 个月增加到 36 个月，这导致在职母亲人数大幅减少。[39] 这一政策调整的目的是促进儿童培养，但对比改革前后出生的儿童的学业成绩和劳动力市场情况，并没有发现改观的迹象。实际上，这项改革可能还稍微降低了儿童的学业成绩，家庭收入的减少也可能造成不利影响。加拿大和丹麦也出现了类似结果，不过有一项调查发现，欧洲产假更长的国家有更低的婴儿和儿童死亡率。[40] 在美国，无薪产假的推行使得幼儿出生体重略有改善，早产数量有所减少，婴儿死亡率降低。[41]

母亲回归工作尤其对贫困家庭的子女有好处。来自经济状况堪忧的家庭的子女，特别是单亲家庭或者领取福利金的家庭的子女，往往在父母就业的情况下表现得更好。[42] 母亲就业能带来更大的经济保障并减轻家庭压力，这能为母亲的缺席做出补偿。相反，来自富裕家庭的子女从母亲就业中得到的好处较少，因为增加的收入对他们的福祉没那么重要。

这还会对女孩和男孩产生非常不同的影响。最近的研究对北美洲、南美洲、大洋洲、欧洲、亚洲和中东的 29 个国家的 10.5 万名儿童进行了跟踪调查，一直到他们长大成人。[43] 与母亲没有工作的女性相比，母亲在外工作的女性更有可能获得工作、担任更高职位、工作更长时间并获得更多收入。由在职母亲抚养的男性会付出更多时间照顾家人，而由在职母亲抚养的女性会花更少的时间做无偿的家务劳动。这些差别可以归因于一个事实，即在平衡有偿工作和无偿劳动方面，在职母亲向子女传达了更平等的观念。

除了女性回归工作对子女和经济有益外，不断有证据表明父亲参与育儿也十分有益。在父亲的参与和陪伴下长大的儿童在情感和行为方面发展得更好。随着收入的增加，父亲倾向于花更多时间陪伴子女，他们的陪伴与母亲的陪伴性质不同，往往能起到补充作用。观察性研究表明，父亲与子女的互动可以更刺激、更有活力，能促进冒险和探索，有利于儿童的认知发展。[44] 例如，在 3 个月大时有父亲陪伴的儿童，在 2 岁时的认知测试中表现得

新社会契约

更好。[45] 父亲在婴儿出生后的头一个月参与育儿，与婴儿在一年后的智力发育提升也有关联。[46]

未来的家庭模式

雇用劳动力市场中的女性人才不光于经济有益，还能提升一岁以上儿童的幸福感。幼年时期有父亲更多参与也对儿童有明显好处。重新平衡男女育儿责任、把女性所做的无偿劳动转变为有偿工作的社会契约，将使我们的社会变得更富有、更公平。如果我们的子女在幼年时期有父母的陪伴，随后又能接受高质量的托育，那么他们将在学业和心理方面表现得更好。这对出生于贫困家庭的儿童尤其重要，将提高社会的流动性。

关于配置更多的公共资源用于提供可负担得起的、质量高的育儿服务，有许多模式。这种支持是鼓励以家庭为基础的育儿方式还是家庭以外的育儿方式，最好交给个人和家庭来选择。由国家财政而不是雇主支付育儿假成本和育儿成本，将使男性和女性在职场享有更公平的竞争环境。关键在于，公共政策必须在提供支持方面做到男女平等，确保他们有选择的自由，确保经济中的人才配置是最优的。

理想情况下，政府可以给家庭提供一系列选择——产假和陪产假，或者更好的共同育儿假，并为育儿机构或家庭育儿提供公共财政支持。这些选择非常个人化，在很大程度上取决于个人情况。我们必须做出的关键改变是，我们不能继续忽视对下一代的照顾，不能理所当然或轻率地将其视为无偿劳动。育儿服务需要成为公共服务基础工程的重要组成部分，就像医疗或教育。它还需要富有灵活性，以适应正在发生变化的工作和家庭组织方式。这将促使男性和女性的生活都能得到改善，促使儿童养育更加有效，促使人们（通常是女性）获得工作机会。

提供育儿福利很关键，但同时还有许多其他政策有助于我们实现更平等的劳动力市场。在人们更换工作时提供福利保障，在人们从事兼职工作时调整福利待遇——这种更加灵活的工作机制将有助于男性和女性平衡育儿责任，适应不断变化的工作方式（第 5 章将进行详述）。对人们单独征税优于鼓励夫妻共同报税的制度。夫妻共同报税时，次要收入者（主要为女性）和配偶按照相同的税率纳税，这通常意味着要比单独纳税时支付的更多，从而削弱了女性的劳动力参与意愿。[47] 与此同时，学校较长的暑假安排在农业从业者极少、使用童工非法的社会中意义不大，反而给在职父母带来许多挑战。从这些方面支持双职工家庭，是社会契约转型的重要方向。

不过，只靠政策是不够的，社会契约还需要在家庭内部得到改变。正如我们在日本和韩国见到的情况，即便是世界上最慷慨的陪产假，也只有在社会观念得到调整后才会发挥作用。北欧国家与之形成了有趣的对比——经过数十年的发展，它们的社会契约的特点是女性就业率高、公共支持较为慷慨、男性承担更多无偿劳动。这种模式还能保障较高的收入水平，维持人口的生育

　　　　　　　　　　　　　　　　　　　　　　新社会契约

率。相比之下，尽管韩国有越来越慷慨的政策，但其生育率仍是世界上最低的，仅为0.9%（保持人口水平稳定的生育率为2.1%），这是因为社会观念没有发生转变。

对我们的社会契约进行如此巨大的调整，我们能堪此重负吗？我认为，不这么做才会让我们不堪重负。家庭结构正快速演变：人们结婚更迟，女性生育更晚，单亲家庭更多，人口在老龄化，出生率在下滑（非洲除外）。我们的社会契约需要跟得上现代家庭和现代经济的需求。鼓励更多女性在职场中发挥才干将扩大生产力、提高产量并增加税收，所带来的收益将远远超出改善公共育儿支持的成本。鼓励父亲更多地参与育儿也将改善儿童福祉，让我们得以培育出更具生产力、收入更高的年青一代，他们将贡献更多的税收，为正在变老的一代支付养老金和医疗保健费用。纵观历史，在家庭内部履行代际责任已经造成非常不平等的后果，因此我们需要所有人共同分担这些风险。

第 3 章

教育

2005 年，我走访了埃塞俄比亚南部的一个小村庄。这里不仅有大裂谷的壮丽景观，还有这个国家中最贫穷的人，而这个国家又是世界上最贫穷的国家之一。我在那里遇见的家长都瘦骨嶙峋，明显常年食不果腹。但当我见到他们时，他们都很开心。原因是，在英国政府援助计划的帮助下，一所能惠及他们子女的新学校被建起来了。只有一件事让他们忧虑——埃塞俄比亚政府只能承担得起为一名老师支付工资，这意味着只有一个班级，一个容纳大概 80 名学生的班级。他们自豪地告诉我，家长协会经过东拼西凑又请了一名老师，他们的子女因此能够得到更好的教育。

普天之下的父母都决心给子女最好的人生起点。在比较富有的国家，这表现为父母通过激烈竞争，让子女入读最好的学校或者聘请私人教师帮助其更有可能在考试中取得优异的成绩。在比较贫穷的国家，这意味着家庭要做出巨大的物质牺牲让子女入学接受教育。无论在哪种情况下，教育的价值都体现为国民受教育既对个人有好处，又对整个社会有益。

每个社会都把教育当成其社会契约的核心部分。几乎所有社会都着重投资覆盖6~20岁的青少年的教育，但我们现在知道，儿童在6岁前的营养摄入、脑力锻炼和父母陪伴程度会极大地影响其之后的受教育程度。与此同时，工龄不断延长且更加多样化的世界，还将需要对成人教育进行投资，以确保劳动者的技能与经济同步发展。这对有关教育的社会契约意味着什么？

是什么让教育如此重要？

教育可以实现许多目标——保障儿童的身体发育、认知提升和情感发展；将我们塑造成有共同价值观的公民；帮助个体发现自己的才能，并找到对世界做出贡献的方式。在社会契约方面，教育还发挥了储备未来劳动力的重要经济作用，为我们配备必需的技能，使我们找到工作、具有生产力并为社会做出贡献。

在过去50年，世界各国的初等教育和中等教育突飞猛进，教育的经济收益明显可见。尽管仍有6 000万左右失学儿童（主要在非洲和南亚），但免费的初等教育几乎已在各地得到普及。[1]此外，现在世界上每5名儿童中就有4名入读初级中等学校——在许多国家被称为中学。

事实上，许多发展中国家的教育已经迎头赶上，其发展速度超过当今发达国家的历史表现。例如，2010 年时孟加拉国的一般劳动者比 1975 年时法国的一般劳动者完成更多年限的学校教育。美国用 40 年时间将女性入学率从 57% 提升至 88%，摩洛哥只用了 11 年。[2] 由此带来的结果是，到 2008 年时，普通低收入国家的初等教育入学率已经接近一般高收入国家。

高等教育，包括大学、学院、技术培训机构和职业院校，情况略微不同。高等教育发展得相对较慢，全球只有 2 亿名学生接受过高等教育，具体情况在各国存在巨大差异：中等收入国家，比如巴西、中国和墨西哥，有 10%~20% 的成年人接受过高等教育；高收入国家的这一比率则不等，奥地利为 30%，英国为 42%，美国为 44%，加拿大则高达 54%。[3]

不过，总体而言，这项全球教育投资获得了可观的收益。在经济层面，我们可以用教育所产生的收益（更高的工资减去教育成本）除以受教育年限，得出年收益率，从而计算出教育收益率，类似于储蓄账户或持有股票的收益率。基于 139 个国家共 1 120 年的数据，经济学家计算出每多接受一年教育能产生平均 10% 的私人收益，即接受教育的个人所获得的收益。[4] 这明显高于 1957 年标普 500 指数提出以来美国股市 8% 的年平均收益率。[5]

此外，上述数值还低估了教育的收益，因为它们只考虑了个人的更高预期收入，未计算其他社会收益。教育所产生的社会收益规模可能是巨大的。例如，在英国，每 1 英镑的高等教育投资会为个人带来 7 英镑的收益（个人收益），但会以更高的税收收入、更低的福利支出和更少的犯罪案件等形式为国家带来 25 英镑的收益（社会收益）。[6]

教育为个人和社会带来的收益多少因等级而异。比如，最高的收益率往往发生在初等教育阶段，仅仅是因为初等教育比中等教育或高等教育所花成本更少。表 1 列出了不同教育等级在低收入国家、中等收入国家和高收入国家所产生的个人收益和社会收益估计值。

表 1　不同等级教育在不同收入水平国家的收益率，
尤其是初等教育和低收入国家的教育，收益率相当高

人均收入水平	个人收益			社会收益		
	初等	中等	高等	初等	中等	高等
低收入	25.4	18.7	26.8	22.1	18.1	13.2
中等收入	24.5	17.7	20.2	17.1	12.8	11.4
高收入	28.4	13.2	12.8	15.8	10.3	9.7
平均值	25.4	15.1	15.8	17.5	11.8	10.5

总体而言，低收入国家的教育收益率是最高的。这同样不足为奇，因为正是在这些国家，教育提供的技能相当稀缺。但这种收入上的增加有没有可能反映出别的问题？也许雇主只是把受过教育当作一种用人筛选工具，以致真正带来更高收入的是一

　　　　　　　　　　　　　　　　　　　　　　新社会契约

纸文凭而非在学校获得的教育？但是，研究表明，事实并非如此——企业雇用有学历的员工不只是因为他们的学历，还因为他们所接受的教育让他们更具生产力。[7]

更出乎意料的是，在有更多的劳动者受过更高等级教育的国家，教育投资的收益率并未下降很多。这是因为技术创新创造了更多有利于受过更高等级教育的劳动者的就业机会，说明在大多数国家，大学毕业生所得的工资往往更高并不断上涨。这一趋势意味着，随着技术的进步，受过更高等级教育的劳动者往往赚的更多，这导致许多国家不平等加剧。[8] 如果我们不付出更多努力促进教育机会平等，这种趋势（即技术导致不平等加剧）就会变本加厉。[9]

但这只是冰山一角。眼下我们面临两大挑战——一个是技术，一个是人口。这就要求我们不仅要进一步扩大教育覆盖范围，还要从根本上改变过去的教育供给体系。除了"教学内容"，我们还需要思考"教育时机"。

解决问题的能力与灵活性

关于教育改革的大部分讨论都聚焦于教学内容和教学方式。传统教育制度通常把重点放在死记硬背上。老师向学生灌输知识，学生尽力记住并在各种考试中复刻出来。但如今多数教育家都承认这是在浪费时间：在我们身处的世界中，有 35 亿人使用智能手机，不费吹灰之力就能通过搜索引擎获取近乎无限的信息。现在更重要的能力是筛选信息、辨别信息真伪，并认识到信息所带来的影响。教育应当着重培养儿童的这些能力。

在发达经济体，技术正在带来劳动力市场的分化：一方面，我们看到对"高"技能人才（如科学家或数据分析师）和"低"技能人才（如护理从业者）的需求增加；另一方面，介于两者之间的工作（如工厂或文职工作）正在消失。发展中国家的模式更加复杂——所有地方对更高技能人才的需求都在不断增加，但对低技能人才和一般技能人才的需求因自动化和全球化竞争力而异。[10] 但是，在所有国家，无论是发达国家还是发展中国家，从短期到中期来看，认知能力，比如提出解决问题的新办法的能力，都备受劳动力市场看重。在丹麦、法国、德国、斯洛伐克共和国、西班牙和瑞士等国家，擅长解决复杂问题能使收入增加 10%~20%。[11]

毋庸置疑的是，老龄化将需要下一代人工作更长时间并在一生中换很多份工作。今天的一名成年人或许能依据十几岁或二十几岁时所学本领度过 40 年的工作生涯。但当工龄延长至 60 年时，年轻时所学的东西就很难支撑整个职业生涯。如今一名出生在发达经济体的婴儿活到 100 岁比活不到 100 岁的可能性更大。[12] 人活到 100 岁相当于生存 876 000 个小时。如果掌握一项新技能需要用 10 000 个小时，那么在这样一个长寿的时代，多掌握几项技能是切实可行的。[13]

人们也有必要多掌握几项技能。我们已经看到许多国家的劳动者变换工作呈现更加频繁的迹象。在发达经济体，以从事一份工作的时长衡量的平均工作稳定性有所下降。[14] 这对低技能劳动者（只有高中以下学历）的打击最大。还有迹象显示，不充分就业人口，即因未能获得全职工作而被迫从事兼职工作的人口变多。这种情况最常见于服务业，比如酒店、食品和餐饮行业，劳动者按小时制合同受雇，以根据需求变化随时调整。不充分就业对低技能劳动者、年轻劳动者和女性劳动者的消极影响最大。

因此，更长的工龄不仅需要频繁的技能提升，还意味着截然不同的职业结构。我经常告诉学生，思考自己的职业时，不要像爬梯子一样，而是要像爬树一样。你往往需要迂回移动才能再往上爬，另辟蹊径才能看到一些不一样的景致。教育越来越需要鼓励人们"爬树"、探索新机遇，追随自己的好奇心。人们还需要学会从树上下来，不是从树顶直接跳到地面从而完全退休，而是随着年纪增长，通过调整岗位、转变角色，逐步从树顶下来。

鉴于这些不同的因素——一方面是劳动力市场对认知技能的需求迅猛增长，另一方面是迫在眉睫的现实问题，即工作性质将改变、工作稳定性在下降——我们所需要的是一个更加灵活的教育制度。它不仅要使儿童具备知识和技能，还要使其具备学习知识和技能的能力。它还需要提供更多的机会，使人们在职业生涯的各个阶段都能重新开始，提升技能。事实证明，提供这种教育的关键在于时机。

当然，最好的教育一直都是关于学会学习。伊顿公学校长威廉·科里（1845—1872 年担任伊顿公学校长）有一句略为老生常谈的话："在学校，与其说你们是在学习知识，不如说是在批判精神下历练思维。"[15] 这些思维锻炼是你在以后的人生中学习知识的工具。对老师而言，"在批判精神下"意味着转换角色，用时下的教育术语就是"从讲台上的智者转变为身边的引导者"。这种做法的优势在于让学生深刻认识到在人生中把握学习机会、不断更新自己的可能性。

但很少有人认识到，这种学习能力在人生中形成得很早。大脑结构在 5 岁前定型，因此 5 岁之前是人的认知能力和社会行为能力发展的最重要阶段，而这些能力正在变得比以往更加重要。如果错失了这个机会窗口，就会对成年后的学习能力带来不良影响。又由于学习是渐进式的，在人生早期打下更牢固的基础能使知识大厦垒得更高。这说明了早期教育的好处，同时也说明了早期教育缺失的坏处。这就是为什么早期教育是平衡弱势家庭子女机会的最好时机。

从图 5 中我们可以看到，世界各地的很多社会目前将大部分教育经费用于初等教育和中等教育——是其他等级教育投资的 5 倍左右。高等教育在有些国家获得了大量财政支持，但只惠及一小部分人口。情况很明了：学前阶段和成人阶段的教育十分重要，在未来还将更加重要，但学前教育和成人教育目前的财政投入水平最低。这是需要我们做出改变的。

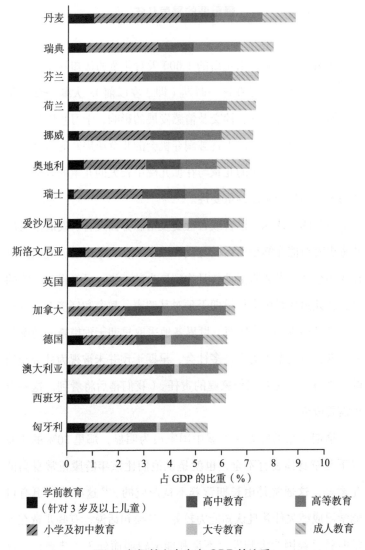

图5 各级教育支出占 GDP 的比重

注：国家在初等及中等教育上投入最多。

最重要的是早几年

最新研究表明，出生后的 1 000 天对儿童的认知开发和学习能力十分重要。正是在这一时期（即 3 岁以前），大脑发育极受营养摄入、脑力锻炼、社交及情感发展的影响，学习基础得到建立。许多针对那些一出生就被剥夺机会的儿童所展开的研究，通过对比在家庭中长大的儿童与在孤儿院中长大的儿童的表现，都证明了这一早期阶段的重要性。[16]

在身体、认知、语言或者社交及情感方面发育、发展落后的儿童更有可能在学校落后、复读和辍学，在人生中遭遇健康问题，在成年后从事高风险活动并且挣到更少的工资。已经得到证明的是，在儿童成长中进行早期干预对其健康、教育和经济上的成功具有持续性影响。[17] 然而，世界各地采取早期干预措施的情况参差不齐，可能是因为在许多社会，早期干预并未被视为社会契约的一部分，而是被当作家庭的责任。（我们稍后将看到，这一点也需要改变。）

早期干预的好处在发展中国家最为明显，那里 30% 的 5 岁以下儿童身体发育不全，也就是说他们比该年龄段正常身高的儿童矮，这通常是由长期营养不良造成的。[18] 这些儿童更有可能学习成绩欠佳并且认知能力较差。[19] 换句话说，有些儿童在入学时就已经因为大脑发育不良和能力较弱而处于劣势地位，这表示即使他们就读于名校，也无法充分地从他们所得到的教育中获得好处。同时，由于大脑的可塑性会随着时间的推移而变弱，这些儿童想要赶超他人是难上加难，这意味着他们与其他同龄人最初的学习差距往往会随时间流逝而不断拉大。早期儿童发育不良会影响儿童的一生，还会影响国家的经济发展和社会发展。

世界上最具权威性的医学杂志之一《柳叶刀》刊载了有关儿童发育的系列重要论文，为早期的儿童干预提供了依据。[20]这些研究认为，超过 2 亿名 5 岁以下儿童发育不足，这主要是由发育迟缓、缺碘和铁以及缺乏认知刺激造成的。这几种情况有时还会因母亲抑郁、遭遇暴力、环境污染和感染疟疾而更甚。

但是，这些短板是可以弥补的。我们需要的是针对最弱势群体的高质量项目，为儿童和家庭提供直接的学习体验，帮助他们理解健康、营养和教育的重要性。例如，厄瓜多尔、墨西哥和尼加拉瓜等国家通过为特困家庭发放现金福利，还提供产前护理和儿童支持，儿童发育迟缓的情况已经有所改善，儿童的认知发展水平也有所提高。在这类项目中，儿童看护人得益于相关培训，包括如何正向管教、寓教于乐（比如讲故事或唱歌）和应对为人父母的压力。这种支持可以通过家访、社区会议和健康体检等方式提供，并且已经被证明对儿童的身体发育、认知发展和健康状况有重大好处。这些干预措施的收益率取决于很多因素，包括干预重点、干预时长以及所实施项目的质量，但每 1 美元的投入所能带来的收益为 6~17 美元。[21]从儿童的角度而言，这意味着人生起点好与坏的差别。

早期干预所带来的这些好处将持续终身。在另一项具有开创性的研究中，社区健康工作者为牙买加贫困家庭的婴幼儿进行为期 2 年、每次 2 小时的周访。在访问中，他们鼓励母亲与子女进行互动和做游戏，以培养儿童的认知能力和个性技能。[22] 这些儿童在 20 年后接受采访时，所获得的收入比控制组儿童（即没得益于周访的儿童）多 42%。相当简单的童年早期干预就可以对未来收入产生重大影响，还可以弥补人生早期的许多不足。

早期教育的主要好处在发达经济体中也有所体现。[23] 美国的一项研究对一项学前项目的影响进行了评估，该项目为芝加哥市内的弱势家庭提供长达 6 年的支持。在 25 年后进行评估时，参与项目的儿童比未参与项目的儿童在教育成果、收入状况、社会经济地位和获得健康保险等方面表现更好，犯罪率和药物滥用率也相对更低。早期教育给男性和父母未完成中等教育的儿童带来的好处最大。[24]

不过，尽管所有证据都表明早期教育好处巨大，但大多数国家对幼儿的投资不足。在全世界所有 3~6 岁儿童中，仅有一半的儿童能获得学前教育，这一比例在低收入国家降低至 1/5。[25] 2012 年，北美和西欧仅将 8.8% 的教育经费预算用于学前教育；撒哈拉以南非洲的这一占比只有 0.3%。[26] 在拉丁美洲，各国政府对 6~11 岁儿童的财政支出是对 6 岁以下儿童的财政支出的 3 倍。即使政府对学前教育进行投资，它们也往往以建立学前教育学校为重点，但这并不会给学龄前儿童带来好处，因为这一阶段亟须开发认知。发达经济体往往有相对更高的学前教育入学率，但学前教育的财政支出在不同国家差异显著，比如冰岛和瑞典对学前教育的财政支出占 GDP 的 1.5% 以上，而在美国、日本和土耳其，这一占比仅为 0.5% 左右。[27]

为什么早期教育投资不足的情况普遍存在呢？其中一个原因是，很多人尚未认识到早期干预具有较高的收益，或者还不理解为什么早期干预的好处会在未来更加凸显。与此同时，人们普遍认为对早期教育负有责任的是家庭而不是政府，从而麻痹了政界人士对这一问题的视听。预算有限往往也是一大问题，既有的初等教育和中等教育供应者对资源有合法要求。最后，因为高质量的早期教育涵盖健康、营养和教育等多个方面，所以由哪个政府部门负责或用哪笔预算还有待明确。

低质量的早期教育比不进行早期教育更糟糕，承认这一点很重要。在肯尼亚，有一项针对 3~6 岁儿童的项目特别以学习成绩为导向，甚至强迫儿童参加考试。在秘鲁，一项早教项目因看护人缺乏相关培训，虽然在儿童看护和营养保障方面做得不错，但对提高儿童的语言能力和运动能力无益。[28] 为 3 岁以下儿童提供高质量育儿服务的成本很高，因为这需要很高的员工配比率。在这些情况下以及在资源有限时，为家庭提供育儿技能支持会更具成本效益。然而，从埃塞俄比亚到美国，高质量的早期干预项目通常包括两个部分：一是在婴儿出生后的 1 000 天内向父母提供支持；二是针对 3~6 岁儿童提供日托中心和学前项目。这种模式有效促进了儿童语言能力、认知能力、运动能力以及社交情感能力的发展，为今后的教育和就业奠定了基础。

总而言之，对儿童早期进行投资，是培养具备学习新技能能力的受教育劳动力的最具成本效益的方式之一。通过这种方式培养出来的公民需要社会援助项目救助的可能性更小，犯罪的可能性更低，为社会做出贡献的可能性更大，具体可能表现为收入更高因而支付的税款更多。此外，如果不花费必要的成本进行早期干预，则后期所需的矫正教育和福利支出成本会更高，所以早期干预可以说是出生于弱势家庭的儿童实现机会平等的最佳方式。

终身学习

每年我都会在伦敦政经的毕业典礼上为数千名学生授予学位。偶尔，有些学生的年龄比我还大。我尤其为这些毕业生感到自豪，因为他们正站在重新定义社会契约的前列。在这个工龄日益延长、职业不断变化的世界里，他们通过在后期接受教育，为自己的职业生涯和个人发展开辟了新天地。

几十年来，人们一直在谈论终身学习，但大多数国家的实践情况错综复杂。在如今这个时代，职业生涯将长达50~60年，突飞猛进的技术将改变人们工作的性质，成年时期的学习不再只是一件锦上添花的事，而是变成社会契约的必要组成部分。有些人由于在传统教育中遇到瓶颈和障碍，比如应试不力或早在儿童时期被划分至不同的发展路径，从而被特定职业拒之门外，他们中有许多人希望有第二次机会。[29] 除此之外，有些成年人重返教育是为了追随自己的兴趣爱好，通过再教育提升生活品质。为了满足这些需求，教育制度将需要变得更具渗透力、更富灵活性并且更能满足成年学习者所需，它们还将需要新的方式为终身教育提供资金支持。那么，提供终身教育的最佳方式是什么呢？

成人学习在很多重要方面有别于青少年教育。[30] 事实上，教育专家提出了一个专门的词语——成人教育（andragogy，意思是"引导成人"），以区别于儿童教育（pedagogy，意思是"引导儿童"）。[31] 首先，成年人的大脑在学习新事物方面比儿童的大脑迟钝（试想一下，5 岁的儿童相比 50 岁的成年人在掌握一门新语言上会容易多少）。成年人还有许多其他挑战需要应对，包括工作、家庭、照顾子女以及花时间学习而导致的收入损失。但是，成年人拥有既得经验，这可能对他们和其他一同学习者起到推动作用（也可能构成阻碍）。

对于儿童，等级分明的师生关系一般来说是正常的，课程是高度结构化的，以按部就班培养技能。相比之下，成年人在平等的合作伙伴关系环境中表现得最好，通过主动参与和解决问题的方式能取得更好的学习效果。他们必须有内在的学习动机并专注于与其目标相关的事项。在这一点上，他们是青少年所比不了的。

此外，青少年的教育主要由学校或学院提供，而可供成年人学习和提升技能的机构更加广泛。事实上，在大多数国家，雇主是为成年人提供培训的主力，其次是各类机构，比如继续教育学院或社区学院、技术职业院校、私人培训机构、高校以及工会。更多的成年人还开始接受线上教育，包括正式的或非正式的，许多教育机构如今也依托互联网提供培训。

这无可厚非。一方面，由雇主提供的培训通常是最有效的，因为这种培训往往十分契合劳动力市场的需求。雇主希望能招到并留住最优秀的员工，并且愿意培训员工，使其满足业务需要并提高生产力。企业还会确保培训的收益通常超过培训的投资成本。但是，培训也使得员工对于竞争单位的吸引力变大，所以雇主可能会出于"为他人作嫁衣"的担心而减小培训的投资力度。例如，在技能供应不足的领域，如计算机和信息技术领域，接受最新培训的员工可能会禁不住诱惑而跳槽。

另一方面，由教育机构，比如继续教育学院和社区学院、职业培训项目以及各种各样的商业机构所提供的培训缺乏连贯性，有些培训的质量可以说是非常糟糕。有的培训机构空有响亮的名头，比如全球理工学院（Global Technology Institute），向不知情的学生收取高额学费，却提供劣质教学。这样的例子在世界各地比比皆是。成年学习者面对的挑战就是要评估所学课程的质量及其与自己职业的相关性。这是与雇主联系最密切的培训项目往往最有效的另一个原因。

尽管如此，在技术的促进下，学习机会骤增，使得世界各地的培训都更加容易获得且更具成本效益。海量的网络课程、YouTube（优兔）上的教学视频以及 TED（技术、娱乐、设计）

演讲和大学的在线课程等，让知识得以在全球范围内传播。有意思的是，最大的远程教育市场分布在印度、中国和巴西等国家，在这里，学生能够以负担得起的条件接受世界级教育。[32] 此类在线学习项目如今已有数百万名用户，但多数大型课程的结课率不足 10%。[33] 有共同的开课日期、学习群体和更强烈的群体意识的在线培训项目能更有效地让学生坚持学完课程并获得证书。这是因为，不管在线教育在传授知识上多么有效，如果人们不具备吸收知识并将知识内化的能力，没掌握实践所学内容并证明自己成绩的方法，那么这种教育的作用和持久性就会大打折扣。

不过，总体而言，成年人的学习是有成效的。大量研究围绕成年人学习对就业前景的影响展开细致评估，并得出有益结论。一项最新研究对 857 个员工培训项目（被称为"积极的劳动力市场项目"）的 207 项评估结果进行了综合分析。[34] 一项重大发现是，项目在短期内（1~2 年）的收益往往不大，但在长期（完成项目的 2 年后）的就业率提升上成效显著。我们在第 5 章将进一步讨论培训如何帮助劳动者提升技能，以应对失业、技术对劳动力市场的干扰以及在长期职业生涯中换工作的需要。

促使人们参与成人教育是一项重大挑战。十分矛盾的是，那些参与成人教育的人往往年龄较小、受教育程度较高且经济较宽裕，所以是相较而言最不需要接受成人教育的人。这在很大程度上反映出他们先前有积极的受教育经历，因此在成年后有接受再教育的意愿和经济能力。按理说，年龄较大、受教育程度较低的劳动者能受益最大，但前提是他们能被说服参与成人教育。可恰恰是他们更有可能缺乏接受再教育所必需的自信和 / 或条件。事与愿违的是，正是那些缺乏技能的人获得的成人培训最少，雇主把资源主要用在技能更高的员工身上。在发达国家，每 5 名成年人中只有 2 名能够每年得到教育和培训机会，而技能较低的成年人参与培训的可能性只有其他人的 1/3。[35] 在低技术含量岗位上的员工从雇主那里获得培训的概率最低，在中小型企业中尤其如此。

这一问题对技能落后或者所处岗位有望实现自动化的员工尤其严峻，比如酒店员工和数据录入员，销售代表和文秘，以及司机和从事制造业及仓储业的员工。他们的技能被淘汰的风险极高，但他们参与培训的可能性又是最小的。[36] 识别这些劳动者并支持他们学习新技能应当最好在他们失业前完成。有些国家和企业在这方面做得不错（详见第 5 章），但大部分做得还不够。

我们已经就教育制度重新平衡早期教育和终身学习的必要性展开论述，并且已知有多种有效途径可以实现所需的改变。不过，还有一项重大问题有待解决。

应该由谁支付？

几乎在所有国家，人们普遍认为初等教育和中等教育应当对所有人免费，但正如我们已经提到的，早期教育历来被认为是家庭的责任。鉴于最新研究证明，早期教育具有更广泛的社会效益，能够带来机会平等，并且供给成本相对较低，因此，早期教育理应得到更多的公共支持。使早期教育成为社会契约的一个关键组成要素，至少对于那些特困家庭，既具有经济意义，又具有社会意义。

高等教育和成人教育的经费来源更加复杂。更具生产力的劳动者，因缴纳税款更多，而花费的社会福利、医疗保健及治安成本更少，所以会使国家受益。但是，高等教育和成人教育的成本会很高，而且它们为个人带来的收益比为社会带来的收益更容易被看见。参与成人教育的个人有望因此赚取更高的薪资，这一事实表明个人应当分担这类教育的成本。再者，雇主也能从训练有素的员工身上获益，所以培训负担或许也应当落在雇主的肩上。但正如我们前文所提到的，如果雇主担心员工接受培训之后会离开公司另谋高就，那么他们就不太可能对培训进行投资。这些复杂性无一不指向一点，即有必要制定一套规则，使成人学习所需要的相对更高的费用以某种方式在个人、雇主和社会之间分摊。[37]

但是，以上这些复杂性——成人教育的供给和经费问题在个人、雇主、工会、私人培训机构和国家之间拉扯不清——使得评估当前所需的经费规模和分配方式十分困难。我们能获得的有关部分发达经济体25岁以上成人（不包括接受高等教育的人）的最佳数据如图6所示。

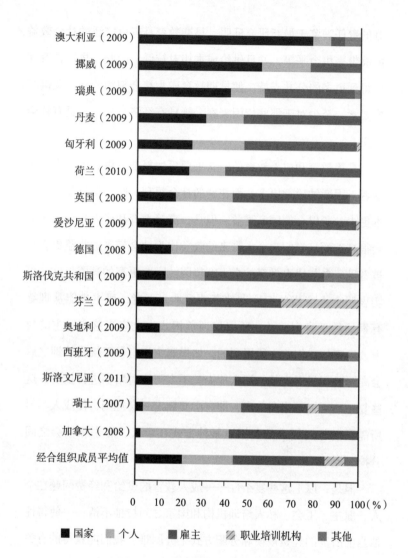

图6　成人教育的资金来源分配情况

注：成人教育的资金来自多个渠道。

　　　　　　　　　　　　　　　　　　　　新社会契约

平均而言，这些国家用于成人教育的支出占其 GDP 的比重为 0.9%，而用于初等教育的支出占比为 2.6%，用于中等教育的支出占比为 1.3%，用于高等教育的支出占比为 1.6%。在成人教育中，公共经费所占份额在各国之间参差不齐——从加拿大的 2% 到澳大利亚的 78% 不等。但在大多数地区，国家支付的最少（平均为 22.1%），其次是个人（24.7%），成本的最大份额由雇主负担（44.7%）。在发展中国家，对成人教育的总支出和政府财政支持可能要少得多。因为在这些国家，精力被集中用于实现全民覆盖的初等教育和中等教育，而且投资培训的雇主更少。

尽管各国利用各种各样的机制推广成人教育，但这些机制的核心基本都是为企业和 / 或个人提供补贴。许多国家利用税收激励办法鼓励企业培训自己的员工。[38] 有几个国家（德国、奥地利、新加坡和北欧国家）正在推行培训税收抵免政策，这种政策类似于研发税收抵免，培训成本被视为可以减少公司税单的人力资本投资。有些国家（比如英国和美国）为个人提供条件优惠的贷款，或者不对学生贷款资格设置年龄限制。许多国家通过对雇主征税（税率为工资的 0.1%~2.5%），来资助雇主提供的培训项目。为鼓励参加过培训的员工留下来，雇主通常明确规定在特定时间内离职的员工需要偿付自己的培训费用。新加坡如今为雇主提供补贴，覆盖 40 岁以上员工培训成本的 90%，并支付接受再培训员工的部分工资。

说到底，说服企业提升员工技能最有意义，因为关于职业培训的研究一致表明，以雇主为基础的培训是最有效的，但是雇主只愿意在某一限度内培训员工。为了鼓励雇主将员工培训到于社会最有利的水平，需要提供尽可能多的额外激励，特别是在员工换工作更加频繁的劳动力市场，比如技术行业或护理行业。对来自弱势群体的员工，以及那些因缺乏规模而无法提供单独培训的中小型企业的员工，更有理由提供尽可能多的激励。[39]

至关重要的是，这些激励办法应该直接针对成年学习者以及潜在雇主的特定需求。所以，仅仅根据培训人数提供资金这一普遍做法实际上并不能取得预期效果。相比之下，我想起曾经在尼泊尔参观过一个做得很成功的建筑工人职业培训项目。在尼泊尔，私人培训机构在学员报名时收取 1/3 的学费，在学员找到工作后再收取 1/3，在学员参加工作一年后收取剩下的 1/3。爱沙尼亚则是根据实际表现分配培训资金，衡量的因素包括退学率、培训质量以及培训与行业需求的相关性等等。在美国，超过 100 所培训机构和高校与学员签订收入分享协议。根据该协议，学员免费接受培训并承诺将其未来收入的 1% 以上用于支付学费。[40]

有少数国家，比如英国和新加坡，曾做过这样的项目，即为每个公民发放专门用于成人学习的代金券。例如，新加坡的"技能创前程"计划为每个新加坡人每年发放 500 美元用于培训，这笔钱可以累积起来使用。但是，英国和新加坡的计划都发生过欺诈问题。腐败机构或者虚假机构从不知情的学员那里骗取公共代金券并从中牟利，而几乎或根本不提供培训。新加坡正在坚持不懈地努力，并且正在加强对培训机构的监管。但是，这些试验项

　　　　　　　　　　　　　　　　　　　　　　　　　新社会契约

目所涉及的总体经费不是很多，限制了能真正获得的新技能（而不是新的爱好）范围。

一个更加公平的教育制度

当前的教育经费制度非常不公平，因为这些制度为在体制内待的时间最长的人提供了最多的公共支持。以法国为例，平均而言，在 2018 年，一名 20 岁青年获得的从学前教育到大学教育的公共教育投资为 12 万欧元左右。[41] 但在 16 岁就终止接受教育的人获得的公共教育投资只有 6.5 万 ~7 万欧元，而进入顶尖大学的人获得的公共教育投资为 20 万 ~30 万欧元。这种对下一代的投资差异常常会加剧既有的机会不平等。那么更公平的制度是什么样的？

一种方案可以是为每个 18 岁青年提供终身学习津贴。英国的这笔钱约为 4 万英镑，美国的这笔钱约为 5 万美元。它可以以助学金或者贷款的形式发放，用来读大学或者在正规的认证机构接受职业培训。社会对年轻人进行投资的方式就是为他们提供途径，使他们能够获得满足终身需求的资质。如果以贷款的形式发放，政府完全有理由以自己的借贷成本提供贷款，因为这是一种人力资本投资，能够增加未来的税收收入。[42] 这样一来，每个年轻人都能拿到一笔使其有能力投资自己就业能力的补贴开始生活，而不用背着债务毕业。

事实是，未来大多数人将在人生的不同阶段获得更多教育，促使他们在更长久的职业生涯中积极发展。这种教育的供应主体会更加多样化——大学、继续教育和职业机构、网络学习平台、商业培训机构以及这些机构的各种组合，并且最好与雇主紧密关联。教育机构将必须适应这个新世界，提供可以在不同院校和不同时期累积的教育学分。这将允许个人以一种灵活的方式提升正式的资历，即可以在不同时期选择不同的教育机构。这种教育将更多的是非全日制的，是线上与线下相结合的，上课的时段将需要更加灵活以符合成年学习者的需求。学习证明也将需要优化，要包含在线证书、"纳米"学位等各种各样的职业学历。

　　为促成这种改变，每个主体（个人、雇主和培训机构）都需要更好地了解当前及未来的劳动力市场发展趋势。换句话说，每个人都需要了解如果自己不提供或接受再培训，那么未来会怎样。除了加大对早期教育的支持，政府还需要确保激励措施和补贴到位，以改善目前支出不足的情况。个人在职业转换中需要得到的支持，包括职业建议、有关未来就业方向的信息以及哪些培训机构能使其做好最充分的准备等。雇主将需要认识到，在快速变更的职场中，适应能力比经验更加重要。他们应当更关注员工未来能做什么，而不是他们过去做了什么。这些类型的教育机会能帮助公民迎接新的现实，因而它们必须位于新社会契约的核心位置。

第 4 章

健康

　　健康是影响我们幸福感的决定性因素。身体健康和心理健康（在学术研究中被称为主观幸福感）在全世界范围内每项有关幸福感的研究中都是首要的研究对象。归根结底，这就是为什么每个社会都积极为其人口提供医疗保健服务。当众多人口集中资源时，医疗保健服务的供给成本会降低，而且健康的劳动力于经济发展有益，因此每个社会的社会契约都包含某种形式的医疗保健服务。

　　尽管许多国家的医疗保健服务支出都有公共支持，但世界各地有关健康领域的社会契约都面临压力。这背后存在老龄化和技术的双重力量。人们的寿命在延长，并且年纪越大，所需的医疗保健服务越多。与此同时，以新型药物、医疗设备和治疗手段等形式呈现的技术创新促进了人们寿命的延长和生活的改善，但往往会产生巨额成本。如今，大多数人都期望老年时仍能保持活力与独立生活的能力。如何既满足这些不断提升的期望，又保障最有医疗需求的人能获得便利且公正的医疗服务，这是我们这一时代最大的政策难题之一。

各个医疗服务体系下的社会契约主要面临以下 4 个问题。社会能为每个人负担多少医疗保健服务？是否应当设定一个最低保障水平，如果是，如何确定这个最低保障水平？如何在个人、家庭、雇主和国家之间分摊医疗保健服务成本？个人和社会应当对健康结果负有多大的责任？

界定全民医疗保健服务的最低保障水平

几乎每一个国家都希望为其公民提供支付得起的、高质量的基本医疗保健服务，但在实践中，医疗保健服务的覆盖范围差异巨大，这取决于国家能够负担或者选择负担的项目。一方面，世界卫生组织明确列出了它所认为的覆盖全民的基本医疗服务应当包含的项目：孕期保健、针对肺炎和肺结核等传染病的疫苗接种与治疗、预防疟疾的蚊帐、心血管疾病的治疗，以及确保医院、医务人员和药品的可获得性。[1] 这一界定已经被大多数发展中国家采用。而与之相对的是，英国的国家医疗服务体系承诺为全体公民提供从摇篮到坟墓的免费医疗保健服务。

世界卫生组织建议各国政府将其 GDP 的 5% 用于实现这一覆盖全民的最低医疗保障。[2] 大多数国家都正在提高医疗支出水平，但有一些低收入国家除外，因为这些国家的人口增长迅速，仍有赖于外国援助来满足最起码的医疗需求。各国的人均医疗支出水平存在显著差异——有些高收入国家可达 2 937 美元，而低收入国家则仅为 41 美元。[3]

很大一部分医疗支出被用于培养医务人员，世界各地都十分紧缺医务人员。据国际劳工组织估计，当前全球医务人员缺口达 1 030 万，其中亚洲需要 710 万，非洲需要 280 万。[4]许多发展中国家的高技能医疗卫生人才移民到发达国家，因为发达国家对他们的服务需求不断扩大，所提供的薪资待遇和职业发展路径也更具吸引力。为防止贫穷国家的医疗服务遭到破坏，各国签订国际协议以试图减少医疗卫生人才的跨国流动，但未能取得成功。[5]因此，在全球范围内培养更多的医疗卫生工作者，想方设法借助技术提高他们的生产力是重中之重。

应当如何提供医疗保健服务？

所有国家的医疗保健服务费用都有一部分是由私人支付的，要么是由个人直接支付，要么是以保险的形式支付。在没有保险或者保险不普及的情况下，医疗保健服务的成本主要由家庭和社区共同负担。但是，很常见的是，所有政府都通过直接提供服务或者通过监管的方式对医疗保健服务进行干预，而且其干预程度往往比对社会契约所涵盖的其他领域要大得多。[6]

政府大力干预医疗保健服务，主要有三个原因。第一个原因是纯粹的自由市场方式在很多方面都行不通。大多数患者不具备相关知识，无法根据自身需求做出明智的决定，因此非常依赖知识更加丰富的专业医务人员提供建议。但并不罕见的是，这些专业医务人员所提供的建议与自己的经济利益挂钩（在私立医疗体制中），或者完全与成本剥离（在公立医疗体制或基于保险的体制中）。

第二个原因是医疗保险领域充满了挑战。最明显的是，保险公司出于自身利益，会想方设法将病患排除在外以减少赔付成本。为激励参保人员慎重行事，保险公司采用"分摊付款额"的方法，以控制成本、减少鲁莽行为并鼓励个人承担更大的责任。[7]

第三个重要原因是许多疾病具有传染性。因此，为个体提供治疗——通过接种疫苗、共享信息、保障环境卫生和用水清洁等方式，遏制传染病蔓延，明显符合更广泛的公众利益。当然，这类干预的目的不仅在于改善患者个人的健康状况，还在于最大限度地改善社会整体的健康状态。实际上，在公共健康的大环境中，个体的利益或偏好甚至有可能为更广泛的利益做出牺牲。

新冠病毒的大流行就暴露出这样一个问题：在何种情况下，社会有正当理由为了公共健康约束个体行为。在许多国家，比如部分亚洲国家，限制公民出行和走亲访友、强制实施健康监测和佩戴口罩等措施被广泛接受。但在其他地方，尤其在美国和部分欧洲国家，人们拒绝接受此类限制措施或者（在许多发展中国家）承担不起这些限制措施所带来的代价。[8]这些反应体现出在个人自由和公共健康相悖的情况下，人们对待社会契约的态度存

新社会契约

在多大的差异。

在那些公民参与度更高（即有更高的选举参与率、民众对机构有更多的信任、报纸的读者群体更大）的国家，人们对保持社交距离的强制性措施的服从度更高，公共健康结果更好。一项针对意大利的模拟分析发现，如果将该国公民参与度最高的 1/4 地区的情况推广至全国，那么其新冠肺炎病死率可能会降低至原来的 1/10——即使在控制了收入、人口和医疗保健能力等变量之后。[9] 事实上，基于谷歌关于出行、餐馆预订和消费模式等数据的分析可以发现，许多国家的人们早在封锁措施实施之前就已经主动践行保持社交距离的做法。[10]

国家不一定必须是全民基本医疗保健服务的供给主体。在实践中，各个国家采取的做法不尽相同，而且即使是在一个国家内，针对社会中不同群体的医疗保健服务也有多种资金来源。提供医疗保健服务没有唯一的、最好的组织方式，在不同的体制中，好的健康结果（和坏的健康结果）都有可能出现。[11] 大多数发达经济体都有公共融资制度，提供共同负担的医疗保险，或者要求人们购买（受到严格监管的）私人保险，并为穷人发放补贴。在一些国家，比如英国，国家是主要的供给主体，但在欧洲大陆大部分地区，国家的角色主要是公共服务和私人服务的出资方。与此同时，在许多新兴市场，比如中国和印度，出现了一种新的模式。在这种模式下，穷人获得的服务是由公共资金支持的，富人则通过参加保险获得。还有一种模式，是由雇主和雇员共同负担医疗服务成本，并由国家为失业人员提供补充，这样的例子有美国。

大多数发展中国家的全民医疗服务体系仍在建设中。[12] 许多国家正在采用的是"两级"模式：穷人和非正式部门的从业者通过由政府管理的公共系统获得保障，该系统的资金来源为一般税收，有时以家庭缴费作为补充；受雇于正式部门的人员通过个人所得向基于保险的体系缴费，而富人可以选择在私人市场上购买保险。在极度贫穷的国家——这些国家的财政能力有限，人们在医疗保健服务方面对私人市场的依赖程度最严重。许多国家的慈善组织也扮演着重要的角色，它们与政府及私营部门之间通常是合作关系。[13]

有关大型发展中国家尝试实现全民基本医疗保健服务的案例，可以前往印度一探究竟。印度在 2018 年推出了一项名为"阿尤什曼·巴拉特"的国家医疗保障计划。该计划有两个独立的组成部分：第一部分的目标是建立大约 15 万个公共健康及保健中心，提供综合性的初级医疗保健服务，例如传染病的疫苗接种与治疗。第二部分是一项全国医疗保险计划，该计划针对心脏病或癌症等二级和三级医疗状况，为每个家庭提供每年 50 万卢比（约合 7 000 美元）的报销额度。这项国家医疗保障计划面向全国 5 亿多贫困和弱势人口，成为世界上规模最大的完全由政府出资的计划。

中国推行的也是以公共保险为基础的计划。有趣的是，与这一计划相辅相成的是一个蓬勃发展的私人市场，它在很多情况下派生于一项更古老、更传统的做法：在以前的中国，有人罹患重大疾病时，村民会共同筹措治疗资金。蚂蚁集团（隶属于阿里巴巴集团）通过建立相互保险的互联网市场，使这一传统做法在数字化时代里与时俱进。大多数参保人都属于低收入群体。该保险计划为 100 种重大疾病的治疗一次性赔付约 4.5 万美元，其成本由所有其他参保人均摊。[14]

医疗支出普遍在增长

各国的医疗支出水平因负担能力不同而差异巨大。就每年的人均支出水平而言，印度为 200 美元，中国为 300 美元，而欧洲为 3 000~6 000 美元（见图 7）。经合组织成员平均为每个人承担的医疗支出为 4 000 美元。如上所述，其中大部分支出由政府承担，中低收入国家的私人支付比例往往更高。当然，支出得最多与明智地支出是两码事。美国的医疗支出水平（人均约 1.1 万美元，占美国 GDP 的 17%）远远超过世界上其他任何国家，但就医疗服务覆盖范围而言，并未取得良好成效。美国的人均预期寿命实际上比其他发达经济体的平均水平短 1 年。近几年，许多发达经济体的人均预期寿命维持在一个稳定的水平，但美国是唯一一个人均预期寿命，尤其是男性的人均预期寿命事实上正在缩短的发达国家。[15]

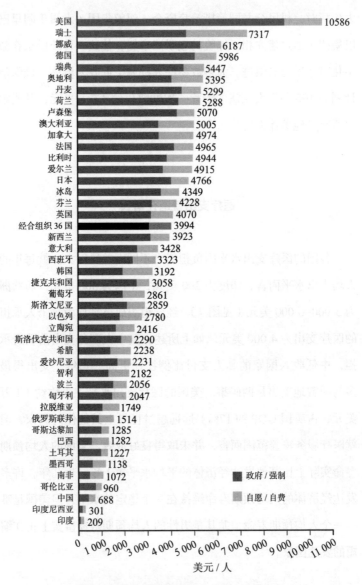

美国	10586
瑞士	7317
挪威	6187
德国	5986
瑞典	5447
奥地利	5395
丹麦	5299
荷兰	5288
卢森堡	5070
澳大利亚	5005
加拿大	4974
法国	4965
比利时	4944
爱尔兰	4915
日本	4766
冰岛	4349
芬兰	4228
英国	4070
经合组织 36 国	3994
新西兰	3923
意大利	3428
西班牙	3323
韩国	3192
捷克共和国	3058
葡萄牙	2861
斯洛文尼亚	2859
以色列	2780
立陶宛	2416
斯洛伐克共和国	2290
希腊	2238
爱沙尼亚	2231
智利	2182
波兰	2056
匈牙利	2047
拉脱维亚	1749
俄罗斯联邦	1514
哥斯达黎加	1285
巴西	1282
土耳其	1227
墨西哥	1138
南非	1072
哥伦比亚	960
中国	688
印度尼西亚	301
印度	209

■ 政府 / 强制
▨ 自愿 / 自费

美元 / 人

图 7 各国的人均医疗卫生支出，2018 年

注：各国的人均医疗卫生支出差异很大。

尽管各国的医疗支出水平存在广泛差异，但证据显示它们存在一个共同特征：世界各地的医疗支出水平都有增长趋势。2000—2015年，经合组织成员国的医疗支出水平增长了3%，并有望在2015—2030年继续增长2.7%。[16]此外，大多数国家的医疗支出水平增速都快于人口增速和经济增速。这意味着医疗花费在政府预算中所占比例日渐增大——目前，经合组织成员国的这一占比平均为15%。对医疗支出的公共支持度往往很高，但有些发达经济体已没有更大的提税空间——在法国和丹麦等国家，国家税收已经达到GDP的一半左右。大多数发展中国家仍有更大的操作空间，尤其考虑到有证据表明，更稳定的公共资金来源与更好地实现全民医疗保健服务密切相关。[17]后面我们将回过头来解决如何负担这些增量的问题，但首先我们必须厘清增长的原因。

大多数人认为，人口老龄化是导致医疗成本增加的主要原因，因此这些增长是无法避免的。医疗系统在老年人身上的支出往往多于年轻人，这一点毋庸置疑（见图8）。这种人口变化对中等收入国家尤其紧要，因为这些国家的人口正在快速老龄化，疾病压力正在从传染性疾病（比如疟疾或肺结核）转变成治疗费用更高的慢性疾病（比如心脏病和癌症）。老龄化只在一定程度上增加了紧急护理成本（考虑到遭遇意外的老年人的治疗费用会更高），但极大地增加了长期护理成本。[18]然而，除了效率非常低的美国医疗系统外，大多数国家对80岁人口的人均医疗支出仅是对20岁人口的4~5倍（如图8所示），这一数字远远低于大家可能的期望值。[19]因此，单独的老龄化问题解释不了医疗支出快速增长的原因。

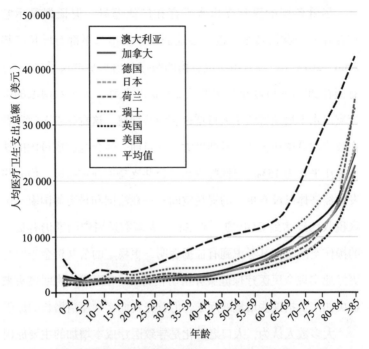

图 8　8 个高收入国家不同年龄段人口的人均医疗保健支出

注：医疗支出随年龄增长而增加。

　　在相对富有的国家，本章开头提到的另外两个因素十分关键，那就是不断提升的期望和技术水平。人们对于更高质量（因而也更加昂贵）的医疗服务的期望不断提升。一些最大的医疗支出增量预计将发生在土耳其、韩国和斯洛伐克共和国这样的国家，因为这些国家的公众期望提升得最多。但医疗支出水平上涨的罪魁祸首是技术——新医疗技术，比如旨在改善生活或延长寿命的药物或设备，往往相当昂贵。[20] 这不仅是因为开发新药和临床试验成本很高，还因为新医疗技术行业内部竞争乏力。

有这样一种说法："人口即命运。"这表示年龄结构不可能很快改变，所以它们的影响是避免不了的。但在技术推高医疗成本方面，没有什么是不可避免的。为哪些治疗项目提供资金、如何议定药物和技术的价格、如何提供医疗服务，以及是否应当使用成本更低的干预手段，这些都是可以由社会做出选择的。因此，控制医疗保健成本是具备可能性的。[21]例如，许多国家已经扩大了社区卫生工作者、药剂师和护士在医疗保健服务中的角色，从而在不损害健康结果的情况下减少了对收费更高的医生的需求。使用仿制药是控制成本的另一种手段。[22]如何对医疗服务供给主体进行救治补偿，这也具有重大影响——是针对每一次的干预，还是针对某一疾病的治疗进行补偿？补偿款是由接受治疗的个人承担，还是由社会保健款项支付？[23]

成本控制任重道远。更大的挑战在于如何配置医疗技术——哪些干预手段应该属于社会契约的涵盖范围，哪些必须在个人支付得起的情况下由个人支付。

医疗保健服务应如何分配？

在全球范围内，每个医疗保健系统每天都深受一个问题困扰——如何更好地配置资源。对医疗保健服务的需求总是随着收入的增加而扩大。在该领域公共开支的多少受制于国家对国民征收的税额。在由私营部门主导的医疗保健系统中，个人可以决定自己支出多少（直接付钱或通过所购险种），所以资源是按照市场机制配置的。换言之，医疗资源是根据人们的收入和支付能力分配的。可以预料的是，在该系统中富人能比穷人得到更好的医疗服务。由公共财政支付的医疗保健系统更重视公平，必须由社会契约决定哪些项目由社会支付以及这些项目应如何获得。社会契约还必须决定是否每个人都有资格获得同样的医疗保健服务，或者医疗保健服务的分配是否应当基于某种条件——举例来说，是分配给最急需的人，还是分配到最具成本效益的地方。

各医疗系统采用的分配办法多种多样。[24] 有些采取的是"分摊付款额"——让患者支付一部分治疗费用，从而鼓励他们把成本考虑在内，这种办法最容易对穷人造成不利影响。有些采用排队的方式决定治疗的优先顺序。这样一来，人们就诊往往要提前好几周预约，手术更是要等待好几个月，这促使那些具有支付能力的人选择私人医疗服务。例如，在英国，等待收诊治疗的时长中位数从 2008 年的 7.6 周增加到 2019 年的 10.1 周。在瑞典，尽管有法律规定等待时间最长不得超过 90 天，但超过 20% 的患者等待时长超过这个数。这两个国家的私人医疗保险需求都随着公众排队时间变长而有所扩大。[25] 通过排队进行医疗资源分配，能把资源分配给收入相对较低的群体，但穷人也因治疗不及时受到不利影响。

最后，国家还必须决定哪些技术将会被社会契约涵盖从而由集体支付，哪些不会被涵盖。为此，大概 2/3 的发达经济体以及越来越多的发展中国家聘请第三方专家评估一些治疗方法的性价

新社会契约

比。[26]这种评估通常包括两个步骤：第一步是针对治疗方法的有效性进行医疗评估，第二步是评估为这一干预付费是否符合公共利益。这种"医疗技术评估"被运用于创建正面清单（即哪些干预手段应该由集体支付，比如特定药物或初级医疗服务这种整体的干预范畴），以及负面清单（即哪些干预手段不会被集体支付覆盖）。医疗技术评估是社会契约在健康领域的实践表现。

哪些干预手段会被排除在社会契约之外？成本高但治疗价值低的药品基本不会被社会契约覆盖。减肥手术这类干预手段被滥用的风险很高，也被排除在外。同样，非传统药物、水疗以及非医生身份的人提供的干预，比如心理治疗，在许多国家会被排除在社会契约以外。口腔护理通常也被排除在外，美容性质的治疗也是如此，比如牙齿正畸或美胸手术。在有些国家，异性夫妻的生育治疗受到限制。针对那些大多数人能负担得起的治疗，比如非处方药或眼镜，许多国家都不提供支付。要求个人承担这些治疗费用是基于这样一项判定，即个人能够判断疗效并且能够负担得起。[27]

决定将哪些干预手段纳入社会契约，这个问题更加复杂。效益和成本要如何评估？各国运用不同的标准评估治疗效益。例如，一项治疗是能降低死亡风险还是能减轻患病程度？是能延长生命还是能提高生活质量？与此并重的是对治疗的直接成本以及可能节约下来的成本（具体可能表现为减少病假或提高生产力的形式）进行经济评估。因为这些评估会涉及生死抉择和大额支出，所以它们会极具争议，并且会屈从于商业利益群体和患者发起的广泛游说。因此，由第三方专家做出决策、保障审查和透明、谨慎处理利益冲突十分重要。

无一例外的是，决策者必须在一系列可能的干预手段中做出选择。比如说，是为一种新药物付费，还是为一种借助新医疗技术实施的手术付费？要做出这一决定，有必要用同一标准比较两者的相对疗效。应用最广泛的一种标准是每质量调整寿命年（QALY，即实际上处于健康状态的一年）的增量成本。根据这一标准，在费用相同的情况下，能增加 5 个质量调整寿命年的新型医疗设备比只能让生活质量提升 6 个月的新型药物更具有价值。每质量调整寿命年（或者它的某种变体）的增量成本这一标准的运用，促进医疗系统以最具成本效益的方式确定配置顺序和使用公共资金，尽管有人认为质量调整寿命年这一标准不公平，因为健康状况可能因人而异。[28]

那么，社会应当为增加一个健康年支付多少成本呢？许多国家回避这一问题，因为具体的数字肯定存在争议，国家还担心研发新医疗技术的机构会利用这个数字指导定价策略。但是，世界卫生组织建议称，人均收入是评估每增加一寿命年的可负担性的有益指标。[29]一项医疗干预的成本如果是国家人均收入的 1~3 倍，可以被认为具有成本效益；如果等于或少于人均收入，则可以被认为非常具有成本效益。成本超过国家人均收入 3 倍的医疗干预应当被认为不具有成本效益，因此可以将其排除在社会契约之外。[30]

虽然世界卫生组织的建议作为政策指南非常有用，但是很少有国家能明确设定这一重要门槛。有的国家做到了。例如，在匈牙利和韩国，倘若一项医疗干预每增加一个健康寿命年的成本为其人均收入的2~3倍，则国家会为其提供财政支持。将这一门槛与人均收入挂钩的一个主要优势是，随着国家变得更加富有，有明确的标准来决定哪些其他医疗干预变得可以负担得起。还有一些国家为医疗干预每增加一个质量调整寿命年所产生的费用设定了简单的费用门槛——波兰为1.8万欧元，斯洛伐克共和国为2.65万欧元，英国为2万~3万英镑。

明确门槛的做法透明且公平，还能实现对现有资源的最充分利用。同理可得，不明确门槛的风险是，资源分配者更难被追责且更易受外界影响。在英国，负责做出这些决策的国家卫生与临床优化研究所（NICE）有明确的门槛，即便如此，政治压力仍会导致资源错位。举个例子，癌症患者的游说促使政府成立了癌症药物基金，为那些成本效益不符合英国国家医疗服务体系标准的昂贵治疗手段支付费用。由该基金支付的治疗累计为癌症患者增加了5 600个寿命年；如果这笔钱用于符合英国国家医疗服务体系标准的其他医疗干预，那么可以增加21 645个健康寿命年。[31]

还有一个难题是，医疗支出如何在代与代之间进行分配。有人认为，我们每个人都有资格享有"正常"长度的健康寿命（70年左右），这是人们通常看到年轻人早逝比看到老年人去世更加令人唏嘘的原因。有人以"公平赛局"（fair innings）这一概念为由，支持优先为年轻人提供治疗，因为基于这一概念年轻人更值得被救治，为老年人提供治疗被推后，尽管事实是在老年时保持良好的健康状态需要更多的医疗服务。[32]

要避免如此功利地比较不同人群的生命价值，一种办法是转变思维，把配给当作在个体的整个生命周期内必须进行的资源分配，而不是将其当作某一时间节点上不同个体间的资源竞争。如果我们每个人都能从社会获得一笔固定资金，用于一生的医疗保健服务，那么我们大多数人很可能会为了提高生活质量和延长寿命而提早把更多的钱用于改善健康和福祉，而不会把钱存起来以备年老时为延长几个月生命而支付高昂的治疗费用。"终身配给"的概念与"公平赛局"概念得出的结论相同，但前者没有让人觉得年轻人比老年人更值得救治，因为它是"在同一个生命的不同时段之间而不是在不同生命之间进行分配的"。[33]

如果这种办法仍然让你觉得不适，我们就来考虑英国紧急护理服务与美国的医疗照顾计划（Medicare，美国政府针对老年人提供的医疗保险计划）截然不同的分配方式。[34] 20 世纪 80 年代，英国国家医疗服务体系资源匮乏，为应对这一困境，英国的医生基于"终身配给"和"成本效益"原则，通过排队就医来限制数量，而不是降低医疗服务质量。[35] 在英国，为大众所接受的是，有些可能有益的治疗由于费用过高而不具备充分的配给理由，所以英国国家医疗服务体系不提供此类治疗，即使患者有意愿且有能力支付——但没有人阻止他们获得私人医疗服务。相比之下，在美国，医疗照顾计划所覆盖的群体被认为已经通过以前的缴费获得保障资格，所以任何形式的配给都不被接受，成本效益也不具备实际意义。因此，在医疗照顾计划继续为老年人提供慷慨保障的同时，那些依赖医疗补助计划（Medicaid，面向低收入群体的国家保障计划，主要惠及妇女和儿童）的群体被越来越多地实行配给。其结果是，医疗照顾计划为每名老年人所支付的长期医疗费用是医疗补助计划为每名贫困儿童所支付费用的 5 倍左右。[36]

更加数字化的医疗未来

到目前为止，我们重点讨论的是技术如何抬高医疗成本。但技术创新或许也能降低成本。

新冠肺炎疫情迫使具备基础设施的国家快速迈进数字化医疗，诸如在线咨询医生、利用手机应用追踪患者行程并对其进行监测之类。其中许多数字化工具之前就已经得到发展，但这场疫情加速了它们的应用。对于许多较富裕的国家，这些已有的以及正在兴起的数字化工具为应对医疗系统成本攀升带来了明晰的机会。与此同时，对尚处于医疗系统建设初级阶段的发展中国家，这些数字化工具可能是变革性的。

在现行模式下，医疗干预要由经过严格训练的医生借助精密设备实施。这样一来，许多发展中国家将永远实现不了全民医疗保健服务。数字化技术为全新医疗模式提供了可能性，比如患者可以获取高质量的信息并掌控自己的医疗记录，人工智能被用于辅助诊断，许多手术可以通过机器人实施。[37]

现在已经实现了以非常低的成本在家测量体温、血压和血氧饱和度等生命体征，不必非要前往诊所。这对糖尿病这类慢性健康问题的治疗尤为重要，因为以家庭为基础的治疗比定期前往医疗机构更有效且花费更少。逐渐地，当前门诊收治的不那么复杂的病症将实现在家利用智能手机进行远程诊治，并且有可能接受世界各地的医生或医疗工作者的治疗。（远程诊治的一个影响可能是缓解医务工作者为追求更高的收入进行移民的压力。）

与此同时，可穿戴设备正在成为患者及医疗保健从业者极为重要的工具，它利用采集的数据实现对患者的远程健康监测。在不同数字平台兼容的电子记录将促进治疗方案更加个性化。印度正在紧抓这一机会，利用通用生物特征识别技术推进医疗保险计划。想象这样一个世界，每名医务工作者都配有一件设备，可以获取患者的医疗记录，能对关键症状数据的输入做出反应，并给出诊疗建议，而且可以立即订购相关药物。在卢旺达和坦桑尼亚的偏远地区，无人机已经被应用到疫苗和血包的运输当中。

医疗系统的一项重大成本是，那些需要服用处方药且接受长期治疗的患者中有 30%~50% 的人不坚持治疗。解决这一问题可以减少药物浪费，降低入院人数，并且加快患者的康复速度、提升其生活质量以及生产力。[38] 在这里，技术也可能起到帮助作用。短信和手机应用可以用于提醒患者服药、锻炼和理疗。另外一项充满前景的干预工具是电子药瓶，它可以记录打开的日期和时间，提醒患者按时服药。

但是，这一新的数字化医药世界要想运转起来，社会契约就需要进行调整。我们必须回答的一个最重要的问题可能是：患者的数据由谁所有和掌管，如何确保其隐私性和保密性。这是一个无法回避的问题，因为数字化所带来的许多更广泛的效益（用于研究和监测公共健康），特别依赖集中和共享数据。为追求治疗方法的改善而侵犯隐私的案例已经出现。[39] 许多人正在思考怎样才能制定出一套原则，既能确保每个人都能掌管自己的数据，又能使更广泛的公共利益得以实现。[40] 人们也越来越意识到，基于这种数据的算法所存在的偏见问题亟须解决：当前，支撑算法设计的大部分研究以白人男性作为研究对象，这很可能导致算法不适用于对女性和其他群体的诊断和治疗。

不同国家可能会在个人隐私和集体利益之间取得不同的平衡。在新冠病毒大流行期间，许多亚洲国家的公民愿意让政府获取他们的个人数据以实施接触者追踪，而欧洲倾向于去中心化的制度，尤其防止政府掌握集中的信息来源。民主国家出现了这样一种共识，即公民应当掌管自己的数据，而且不管是出于何种更广泛的目的，要获取公民的数据都应当得到他们的许可。但实践中存在很大差别，情况也在不断发展。或许有必要出台某种政策，规定某些数据（比如罹患被污名化的疾病）要比其他明显具有公共用途的数据（比如患有传染病）更受保护。

数字化医疗在带来挑战的同时，还带来了切实的机遇，使得以更低的成本提供更好的医疗保健服务成为可能，而且将医生从测量血压或体温等常规的医疗事务中解放出来，从而使他们把精力用于更高质量的医患交流，确保患者坚持治疗直至最终取得更好的结果。在将来的医疗保健服务中，将高科技手段与高质量交流相结合可能是调和成本与质量的途径，但不管治疗方法多么成功或高效，最好的结果并不是来自对疾病的治疗，而是源自对疾病的预防。这带领我们进入社会契约的核心。

个人责任和社会责任——平衡点位于何处？

"一分预防胜过十分治疗。"这句通常被认为出自本杰明·富兰克林之口的谚语，已经得到了有力证实。在发达经济体，对预防性医疗干预的平均投资收益率为 14.3%。[41] 当公共卫生预防措施在全国范围内得到实施或者有立法支持时，投资收益率提高至27.2%。我们还知道，婴幼儿死亡率的降低和预期寿命的延长很大程度上取决于环境、营养、收入和生活方式等因素，只有很少一部分受医疗系统影响。将公共资源直接用于改善营养、提倡健康行为和疾病的早期筛查，无疑是一个社会所能做出的最佳投资之一。[42]

随着传染性疾病因有效的公共卫生干预而减少，心血管疾病、癌症、呼吸系统疾病和糖尿病等非传染性疾病逐渐成为世界上主要的致死病因。[43] 这些疾病中许多都与吸烟、饮酒和肥胖有关。它们不一定会影响整体的医疗支出，因为吸烟者或肥胖者往往会过早死亡。[44] 尽管如此，这些行为以及其他不健康行为还是给医疗保健系统带来了大量的直接成本，并给个人生活带来毁灭性后果。

据估计，在全球范围内，吸烟的经济成本在 1.4 万亿美元以上（相当于 2012 年全球 GDP 的 1.8%），其中包括在生产力上损失的 1 万亿美元和在治疗上花费的 4 220 亿美元。[45] 在中等收入及高收入国家，酒精消费产生的经济成本约为 6 000 亿美元（相当于 2009 年 GDP 的 1%）。在英国，肥胖问题每年为国家医疗服务体系带来 51 亿英镑成本，其产生的社会成本更为广泛，估计超过 250 亿英镑。吸烟问题每年为英国国家医疗服务体系带来 25 亿英镑成本，其社会成本超过 110 亿英镑。酒精消费给英国带来的社会成本约为 520 亿英镑，而大约 30 亿英镑的成本落在了英国国家医疗服务体系身上。[46]

所有这些引发了一个重要问题。如果我们在乎健康，那么是否应该将更多的资源和干预措施集中用于改善人居环境、预防疾病和改变个人行为等方面呢？如果人们吸烟饮酒、缺乏锻炼、饮食欠佳、不按时服用药物或接受治疗，所产生的医疗成本就不得不以提高税收的形式强加在别人身上，难道社会没有权力去干预他们的行为吗？甚至说，社会难道没有干预的责任吗？比如，医疗系统是否应当设法让个人为自己的生活方式引发的医疗成本承担部分责任呢？

让那些从事高风险行为的个人承担自己的医疗费用十分困难。首先，很难确定哪些行为足够危险。食用垃圾食品？晒日光浴？还是驾驶摩托车？在驾驶摩托车或者参加跳伞等运动时，要求人们购买保险以帮助承担危险行为可能产生的医疗成本也许是有意义的。[47]但是，那些因做出某些行为而导致药物成瘾或者酗酒的人，通常是出于无力自控的因素，比如遗传因素或环境因素。

尽管如此，在实施医疗成本分摊制的国家，社会契约一般会要求个人承担为自己健康负责的义务。无论在公共卫生部门内部还是外部，倡导更加健康的生活方式，都被认为是社会干预个体行为的合法领域。

但并非所有人都赞同这种"家长式作风"。[48]有些人沿袭约翰·斯图亚特·穆勒的观点，认为真正的自由意味着只要不危害他人，个人就有不受任何限制的自由。[49]约翰·罗尔斯和阿马蒂亚·森等人认为，自由是指个人能够为自己做出决定，而不是让别人为你做出决定，但这种自主性涵盖了接受对个人行为进行合理约束以增进他人福祉的自由。[50]在这一基础上，一个自由的个体会赞同一些干预措施，例如对有害健康的产品（比如香烟）征税，把有益健康的行为（比如系好安全带、佩戴头盔和口罩）纳入法律规定，激励人们维持良好的健康状况（为定期锻炼的人降低参保费用），以及组织社会宣传活动倡导健康行为，因为这些举措有利于社会整体。为了说明公共干预的正当性，国家必须要证明人们对此缺乏认识（比如通过给有害健康的产品贴标签的方式），或者说明这么做符合更广泛的公共利益（比如减少犯罪行为或交通事故）。[51]

在我看来，社会可以对个人提出的要求是分等级的。最高等级是发生传染病或者流行病时，这种情况明显涉及公共利益，因此国家完全有理由采取可能会凌驾于个人偏好之上的强力措施。

为应对新冠肺炎疫情而实施强制封锁、限制出行、佩戴口罩等措施明显属于这类例子。次一个等级涉及的是不具传染性但会对社会上的其他人产生影响的行为（比如吸烟或者肥胖），因为这些行为会造成更高的医疗支出或福利保障支出。我发现，对于吸烟成瘾的人、周围充斥着垃圾食品广告的人，以及居住在无法获得新鲜食物或缺乏娱乐设施的社区的人，很难说他们是"自由的"。最起码的，社会有权支持能够改善人口整体健康状况的行为。这有时被称为改变选择架构（即人们面临的选择诱因），因为社会有义务给予每个人公平的健康生活机会。

国家可以通过各种手段实现这一点。例如，税收手段被证明十分有效。在发展中国家，平均而言，倘若税收调整导致价格上涨 10%，就能使烟草消费减少 5%[52]，使酒精消费减少 6%[53]，使含糖饮料消费减少 12%[54]。一项研究发现，在美国，对每盎司含糖饮料征收 1 美分税，可以在 10 年内节省 230 亿美元的医疗成本。[55] 在英国和墨西哥，通过税收手段减少肥胖和糖尿病，估计可以取得类似的效益。[56] 如果所有国家都通过提高消费税使烟草、酒精和含糖饮料的价格提升 50%，那么在未来 50 年，全球可以避免 5 000 多万例过早死亡，同时可增加 20 多万亿美元的额外收入。[57] 用金钱激励人们做出更健康的决定也是可行的。例如，在拉丁美洲，现金转移计划有时会以为儿童接种疫苗作为附加条件。

其他旨在鼓励人们做出行为改变的干预方式也能取得良好的成效，不过对贫穷社区总是最难产生影响。有一项旨在帮助人们更好地应对慢性疾病的项目，覆盖了 30 个国家的 100 多万人。参与者通过参加小组研讨会学习如何应对疼痛和抑郁，如何进行锻炼，如何合理使用药物、进行营养补给、评估新医疗手段的疗效以及与照顾他们的人进行沟通。一项严格的评估发现，参加该项目的人比没有参加该项目的人的住院频率更低，住院天数更少，节省的成本也相当多。[58] 戒烟热线，即通过定期与辅导人员通话来帮助人们戒烟，在许多国家和不同群体中都被证明能以较低的成本取得效果。以学校为基础的、鼓励体育锻炼和减少卡路里摄入的项目，也被证明在增加质量调整寿命年方面具有成本效益。[59]

许多国家还通过"助推"鼓励人们做出更好的选择，尽管有关这些干预措施的持续性的证据很复杂。[60] 这通常是对一个人所处的环境或所面临的选项架构采取不起眼的或看似很小的干预措施，以利用人们潜在的倾向和行为模式。最有效的"助推"可能是设置默认选项，即将期望人们做出的行为或选择设为默认选项，询问人们是否希望放弃这种行为，而不是询问人们是否要选择这一行为。[61] 人的惰性倾向意味着，个体倾向于坚持默认选项，不管这一选项的内容是什么。因此，有些国家的器官捐献计划都默认同意，除非人们另有选择，这些国家的器官捐献人数往往是其他国家的 4 倍。在促进流感疫苗接种和艾滋病病毒检测，以及鼓励人们参加储蓄和养老金计划方面，默认选项也产生了实际效果。这类干预措施在涉及一次性行为改变（比如接种疫苗）时，成效往往更大；在涉及永久性行为改变（比如改变饮食结构或从事体育锻炼）时，成效往往较小。当辅以法规支持（比如禁止在室内吸烟）和公共信息宣传（比如在香烟包装上贴标签）时，"助推"的效果通常最好。

不过，虽然鼓励更健康的个体行为十分重要，但是大量研究发现，一系列其他社会因素更加重要。不健康的生活方式与在贫穷环境中长大和生活密切相关。[62] 在世界上的每个国家，富人都比穷人活得更长久、更健康。这反映了一个事实，即富人有更好的机会拥有良好的健康状况。这些机会来自：儿童时期的经历和教育质量、个人和社区韧性的构建、高质量的就业和工作环境、拥有足以支撑健康生活的收入、居住在健康的环境中、关于吸烟和肥胖等问题的公共卫生措施。[63] 对这六个方面的有效干涉将使提高全民健康水平的成本大幅减少。这些因素中没有一项和医疗系统的质量相关。相反，它们取决于本书所描述的社会契约的其他方面。

本章说明了应该如何塑造健康领域的新社会契约。其核心是保证所有人能获得最低限度的初级医疗服务和公共卫生福利。随着国家收入的提升，国家将有能力提供越来越多有助于改善人类健康状况的医疗技术。应用这类技术改进成本时，我们应当综合关注旨在提供更加个人化和基于家庭服务的数字技术，以及成本效益和公平。国家还可以通过财政政策和鼓励健康生活方式的"助推"策略激励个体行为的改变。但是所有这些都离不开社会契约这个整体。只有这样才能确保每个人都享有健康生活的机会。

第 5 章

工作

　　柏林墙被推倒后，我走访了一家斯洛伐克老坦克工厂，它曾是高度一体化的苏维埃军工制造体系的组成部分。这家工厂曾是小镇唯一的产业，不仅为社区居民提供就业岗位，还是当地幼儿园、体育设施及社区活动中心的资金来源。为应对旧经济的崩溃，在此工作的工程师制订出一个创新计划——从制造坦克转向制造叉车。工人们在工厂大门口欢迎我和我在世界银行的同事们，用最新制造的叉车表演了一场非同凡响的芭蕾舞。只见叉车的机械臂优雅地抬起，在古典音乐的伴奏下做着单脚尖旋转的动作。这家濒临倒闭的工厂成功转型为一家新的工厂，这样的例子并不常见。[1]

　　在每个社会中，有劳动能力的男性和越来越多的女性都通过工作养活自己和家人，并为大家的共同利益缴纳税款。这是我们参与社会契约、为社区和社会贡献力量的最重要的途径。但工作也是自我决定的重要组成部分，赋予人们一种使命感和自我价值感。我们在工龄内为社会做出贡献，以此确保下一代人能够和我们一样从社会支出中受益，以及当我们老去时能再次从中受益。正如第1章所提及的，福利国家通常不是直接把富人的钱转移给穷人（即"罗宾汉"功能），而更多的是帮助人们在自己人生的不同阶段平衡消费，而且至关重要的是，在意外发生时为他们提供保险（即"存钱罐"功能）。

苏联解体和柏林墙倒塌都是重大事件，使数百万人的生活受到影响，各行各业不得不全部重新调整。但经济动荡时而发生，或突然且猛烈，或如温水煮青蛙，无一不带来长时间的失业。当失业发生时，社会契约决定了社会如何在人们重返工作岗位之前为其提供支持。

在未来几年，经济动荡可能不会消停——不只是因为新冠肺炎疫情及其带来的重创，还因为与数字革命及自动化有关的快速技术变革。经济动荡带来的焦虑已经弥漫到许多国家的政界。与此同时，不管是在富有的国家还是在贫穷的国家，我们看到的都是日渐多元化的劳动力以及工作稳定性的下降。

这对某些群体的破坏性尤甚，比如那些在偏远地区（比如采矿场）工作的人，或者那些由一家制造业工厂（比如我在斯洛伐克参观的那家工厂）主导的工业城镇的居民。现代经济的地理分布将人才和投资吸引到大城市，造成城市发展中心与落后社区之间的紧张局面。[2]生活在这类社区的人们经常感到自己被剥夺了发展机会。苏联解体后，在东欧大部分地区发生的事情也在其他地方上演，例如美国的"铁锈地带"、英格兰的东北地区，以及依赖采掘业的发展中国家的一些地区。

本章将展示，如果我们想高效且人道地应对经济冲击和技术变革，那么围绕工作的社会契约需要做出何种改变。这意味着要重新思考在个人、家庭、雇主和整个社会之间分摊风险的问题。

工作发生了什么变化？

发达国家的传统工作模式是，大多数成年人从事全职工作并以某种形式的所得税为社会做出义务贡献。作为交换，他们可以领取失业保险，在年老时领取养老金。在有些国家，他们还能享受医疗保险。与此同时，在低收入国家，绝大多数人在非正规经济中工作，没有法定合同、失业补助或其他形式的社会保险。[3]他们遇到经济难关时必须依赖家庭和社区。但工作主体在近年来发生了翻天覆地的变化，从而反过来影响到工作安排的性质。

传统上，劳动力的主力军是18~60岁的男性。如今，世界各地已有数量庞大的女性进入劳动力市场。参加工作的年轻人变少，因为更多的年轻人接受更长时间的教育，以期今后能挣到更高的工资；许多人到20多岁时才参加工作。更多的老年人在工作，因为许多国家的退休年龄延迟，并且许多人需要存更多的钱以满足他们在老年时的需求。总而言之，如今的全球劳动力年龄更大，在性别和工作模式上更加多样。

更加多样的劳动力带来的结果是，越来越大比例的劳动者的工作安排更加灵活。实际上，这已经成为近几十年来工作岗位增加的主要驱动因素。[4] 临时合同、兼职安排和所谓的零工工作，可以让劳动者通过技术平台服务于多个雇主，已逐渐成为现在的职业特征。雇主现在常常不提供像社会保险这样的福利，这使得经济动荡的风险由劳动者独自承担，而不是与单个雇主共同承担。工作时长的确定、工作技能的更新、患病时的医疗费用，以及年老时的收入保障等责任都越来越多地由劳动者承担。

有意思的是，各地的工作模式如出一辙。我们倾向于将不提供福利的非正规零工经济与发展中国家联系到一起，因为在这些国家，只有一小部分劳动力受雇于正规部门，如政府或大型企业。然而，不管在富裕国家还是在贫穷国家，非正规性都越来越凸显，因为在发达经济体，固定工作也被更多的兼职工作、自由职业和零工时合同（在该模式下，员工必须随叫随到，但在工时或收入上不享有任何保障）取代。

在各个发达国家，以劳动者从事当前工作的时间长度来衡量，工作稳定性水平均有所下降。[5] 工作稳定性水平降幅最大的人群是受教育程度低、未获得高中学历（或 9 年以上的教育）的劳动者。不充分就业（即劳动者希望工作的时长超过实际工作时长）的情况也有所加剧，尤其见于年轻人、女性和未接受高等教育的人群。未接受高等教育的年轻人的情况尤其糟糕，通常处于不充分就业状态或者从事收入非常低的工作。接受过高等教育的年轻人的情况稍好，但在经合组织范围内，这些人总体上相比过去仍然更有可能从事低薪工作而不是高薪工作。

自 20 世纪八九十年代开始的放松劳动力市场监管促使这一

现象发生。在发达经济体，在追求效率的推动下，雇主在招聘、解聘及其所需提供的福利方面拥有更多的灵活性。甚至在通常被认为劳动力市场监管程度最高的欧洲，也有大概 1/3 的员工签订的是所谓的非传统型合同。根据这种合同，他们的收入更少并且通常没有资格享受一些福利待遇，比如奖金、分红、加班费、培训和职业发展机会。[6]

具有讽刺意味的是，这些非传统型合同的产生很大程度上是由于雇主努力规避高度监管的正规部门的限制。结果形成了一个两级劳动力市场——受监管程度较高且正规的劳动力市场与受监管程度较低且非正规的劳动力市场。近年来，许多国家专门制定出适应和鼓励灵活就业的政策。举个例子，德国 2002 年推行的哈茨系列改革使临时工人数增至员工总数的 5% 左右，也就是 100 万左右。[7] 这些临时工作大多持续时间不足 3 个月，并且往往属于零售、酒店和建筑等低薪行业。目前，英国零工时合同工的数量占在职人口的 3%，美国为 2.6%，芬兰为 4%，荷兰为 6.4%。[8]

在美国，业务外包的发展引发了工作场所的裂变，即劳动者的雇主并非直接从其劳动中获益的企业。在经济学中，企业理论告诉我们，企业之所以存在，是因为工作不可能全部都外包出去，因而有必要将活动置于一个组织内开展。许多企业起初都是将非核心业务外包给派遣工人，如保洁、餐饮、安保、会计和出纳等业务。但是，随着越来越多的计算机程序员、产品设计师、律师、会计和建筑师以计件方式工作，许多核心业务也正在被外包出去。在美国，签订非传统型劳动合同的劳动者占比从 1995 年的 11%

左右上升至 2015 年的 16%。[9] 优步和户户送这类技术平台的出现使上述趋势得到了进一步发展，个体劳动者既能向公司出卖劳动力，又不被视为公司员工，尽管这种方式在许多地方正面临挑战。

自由职业者和零工劳动者或许是就业市场上最灵活的群体。零工工作的特点是薪资低、工时短，在劳动力中占比很小（但通常在上升）——在意大利占 5%，在英国占 7%，在美国占 14%。[10] 绝大多数零工劳动者可以按照自己的意愿选择工作时间和地点。调查显示，80% 的零工劳动者是在收入减少时通过打零工补贴家用，或者在需要用钱时通过打零工获得尽可能多的收入。只有一小部分人（有一项调查的数据为 16%）将打零工作为唯一的收入来源。

劳动力市场向更灵活的趋势发展，与此同时，由工会代表的劳动力占比有所下降。近几十年来，随着工会会员在劳动者中的占比从 1990 年的 36% 减至 2016 年的 18%，世界各地的工会力量逐步减弱。[11] 这种减弱受多种因素驱动，包括工业相对于服务业下滑，灵活性工作变多，以及年轻人行为方式的改变。如今，各国的工会会员占比差异很大，丹麦、瑞典、芬兰等北欧国家的占比远超 60%，而大多数发展中国家的占比不足 10%。[12] 就业保护，即保护劳动者不受个体或集体解雇的立法，也呈现出弱化的趋势。

许多发达国家劳动力市场改革的目标是自由化和放松管制，而许多发展中国家的改革方向与之相反，旨在为少数就职于正规部门的劳动者扩大劳动力市场监管范围。这些监管是为了弥补社会保障体系的不充分，通常涉及合同终止的通知要求、固定期限合同的监管以及遣散费支付的要求。[13] 实际上，它们降低灵活性是为了弥补稳定性的不足，但只为少数劳动力提供保障——这套乏善可陈的政策往往会带来与欧洲类似的两级劳动力市场，在这个市场中，只有正规部门的劳动者能得到保障，正规部门外的劳动者（通常是年轻人和穷人）得不到保障。

更加灵活的工作对劳动者意味着什么？

更加灵活的工作安排是许多新岗位被设立的一个重要原因。企业愿意招聘员工，因为它们知道在需求下降时自己可以解聘员工。农业或旅游业等存在周期性需求的行业的雇主可以在有需求时扩充劳动力，在没有需求时削减劳动力。灵活性促使效率提升，还可能促使企业在 2008 年全球金融危机之后更快速地重新雇用员工。对于一些劳动者，比如女性劳动者，更大的灵活性意味着她们可以平衡工作和生活中的其他方面。但是，灵活性也意味着稳定性较差，因为更多的风险被置于劳动者身上。近期的新冠肺炎大流行就揭示出这种情况的风险，在全世界范围内，从事不稳定工作的劳动者、自由职业者和临时工最有可能失去生计。不稳定性会给劳动者的身体健康和心理健康带来严重影响。面对不稳定的收入，许多当代的劳动者饱受支付账单的焦虑之苦，无法规划自己的生活。被解雇的劳动者更容易患病、寿命缩短，以后收入更少，对他人缺乏信任。[14]企业也会因裁员遭受负面影响，包括声誉损害、股价下跌、员工流失率上升，剩余员工的业绩变差、对工作的满意度下降。[15] 所有这些都不利于提高生产力以及在未来创造新的工作岗位。

这些趋势还影响到总体生活水平。一方面，新的就业类型意味着在那些工作更灵活且竞争激烈的行业，比如服装、通信、装修、餐饮和航空，产品的价格降低，以至于每人年均即便少工作6周仍能达到2000年时的消费水平。[16] 另一方面，住房、教育和医疗保健等提供基本需求的部门，因竞争受到制约，成本上涨的速度比其他消费品价格上涨的速度快得多，正在消耗越来越大比例的家庭收入。

对于大多数家庭，住房是最大的花销，在工作机会最好的地区，劳动者需要付出的住房成本更多。同时，许多地方的社会保障性住房或公共住房正在减少，私人部门对房地产的投资受到分区、监管和配套基础设施不足的制约。每人年均要多工作4周才能消费得起与20年前相当的住房、教育或医疗保健服务。虽然我们能够以比之前更低的价格购买电子产品、数据和快时尚，但对人们最重要的东西——比如有一个家、健康得到保障——变得更加昂贵。在有些国家，比如英国，必需品价格的上涨消耗了在过去20年取得的收入增长。这些趋势在某种程度上解释了为什么尽管许多国家的收入见增，但许多家庭感到境况更差。

关于生活水平的权衡，有一个很好的例子是廉价航空业。廉价航空使数以百万计的人得以享受出国度假。廉价机票之所以能实现，部分原因是以前固定的全职航空岗位被派遣工作、自营岗位和零工时合同取代。新冠肺炎疫情暴发之前，欧洲20%的乘务员和18%的飞行员未和单一的雇主签订长期合同。在签订了更加灵活的劳动合同的乘务员中，97%的人为低成本的航空公司工作。[17]乘坐这些航班的人明显从中受益；为之工作的人也获得了本来可能无法获得的工作，但他们的处境可能比不上签订更加传统的劳动合同时的处境。

总的来说，如今的劳动者所面对的世界，工作稳定性水平降低，个人要承担的失业、生病和衰老风险加大。如果他们受过教育、具备高技能并且住在大城市，那么他们的处境可能还不错。否则，他们的前景不太光明并且充满更多不确定性。但在这种情况之下，还有一个因素将对未来工作造成极大影响：自动化。

未来的工作将有何变化？

自从19世纪英国的勒德派对新兴的自动化纺织厂机器大搞破坏后，每一波技术创新浪潮都伴随着人们对失业的恐惧。当然，技术确实常常取代劳动力（这便是生产力提升的源泉），但是它也会通过创造新机遇对劳动力起到补充作用。

现在的自动化和机器学习将很容易取代一些劳动者（那些从事重复性、常规性工作的劳动者），但它们也将提高其他劳动者（那些工作内容涉及解决问题、创造力和人际交流的劳动者）的生产力。医生可能要依赖机器对乳腺癌进行诊断，这将节省出更多的时间，让医生与患者讨论治疗方案，并可能因此取得更好的治疗结果。表2列举出一些有关的例子，分别是有可能保持不变的职业，可能会被裁减的职业，以及将在未来创造就业机会的新职业。有趣的是，有可能被裁减的不仅包括技术含量较低的职业，比如数据录入员和司机，还包括传统上技术含量较高的职业，比如律师和金融分析师。[18]

表2 稳定的职业、新职业和可能被裁减的职业

稳定的职业
总经理和首席执行官
总务和业务经理 *
软件、程序开发人员及分析师 *
数据分析师与科学家 *
营销与市场专业人员 *
销售代表、批发和制造人员、技术和科学生产人员
人力资源专家
金融与投资顾问
数据库与网络专业人员
供应链与物流专家
风险管理专家
信息安全分析师 *
管理和组织分析师
电子技术工程师
组织发展专家 *
化学加工厂操作员
大学及高等教育机构教师
合规及监察人员
能源及石油工程师
机器人技术专家与工程师
石油与天然气加工厂人员

新职业
数据分析师与科学家 *
人工智能与机器学习专家

新社会契约

新职业
总务和业务经理 *
大数据专家
数字转型科学家
营销与市场专业人员 *
新技术专家
组织发展专家 *
软件、程序开发人员及分析师
信息技术服务人员
工艺自动化专家
创新专家
信息安全分析师 *
电子商务和社交媒体专员
用户体验与人机交互设计师
培训与开发专员
机器人技术专家与工程师
人文与文化专家
客户信息与客服人员 *
服务和解决方案设计师
数字营销与战略规划师

可能被裁减的职业
数据录入员
会计、簿记、工资核算员
行政和执行秘书
装配和工厂工人
客户信息与客服人员 *
商业服务和行政经理
会计与审计师
材料记录与库存管理员
总务和业务经理 *
邮政服务人员
金融分析师
收银员和售票员

可能被裁减的职业
机械师与机械维修员
电话推销员
电子与电信安装人员
银行柜员及其相关人员
汽车、货车和摩托车司机
销售、采购代理和经纪人
上门推销员、新闻报纸街头小贩及其相关人员
统计、金融和保险工作人员
律师

　　* 属于多个分类，这是因为在某些行业，其需求可能较稳定或较少，而在其他行业，其需求可能较多。

　　人们担心机器将取代大多数人类劳动者，还担心需要将收入转移给未来的大量失业者，但这些担忧可能为时过早。上一波由技术性失业引发的担忧发生在 20 世纪 60 年代，诺贝尔奖获得者赫伯特·西蒙在当时写道："它们仍属经济问题，当代乃至下一代所面临的世界性问题仍是稀缺性问题，而不是令人无法忍受的过剩问题。人们满心恐惧自动化这只妖怪，但应当去忧虑真正的问题，比如人口问题、贫困问题、核武器问题以及我们自身的神经质问题。"[19]

　　相反，以下才是真正重要的问题：如何才能既保留灵活就业的好处，又能减少劳动者承担的风险和工作的不稳定性？如何才能在非传统型的工作安排下保障劳动者的稳定收入和福利待遇？如何才能创造出更多高质量的工作岗位？自动化和机器学习将不可避免地带来岗位变化，如何才能促使劳动者加强学习并适应这种变化？

社会契约应当如何变革？

大多数国家的劳动监管和社会保障制度不能很好地适应如今劳动力市场上逐渐占据主流的工作种类，也跟不上日渐加速的岗位消失和新增的步伐。总体而言，平衡的重心已过度倾向灵活，而没有提供足够的稳定和保障。

很多国家当前所确定的灵活性与保障性之间的平衡点差异显著（见图9）。包括大多数欧洲国家在内的一些国家提供的是低灵活性和高保障性；其他国家（例如美国）提供的是高灵活性和低保障性；与此同时，亚洲、非洲、中东和拉丁美洲的大多数国家为正规部门提供的是低保障性和低灵活性，为非正规部门提供的是低保障性和高灵活性。只有少数国家，比如丹麦、新西兰、日本和澳大利亚，找到了最佳的平衡位置，提供的是高灵活性和高保障性。这些国家在给予雇主灵活性和保障员工利益之间取得了平衡，雇主为应对经济动荡可以灵活地调整劳动力，员工可以在换工作时得到保障以维持基本的生活水平。

在北欧国家，员工换工作很容易。[20]事实上，瑞典、丹麦和芬兰的员工比欧洲其他任何国家的员工换工作更频繁。雇主可以灵活地根据市场情况调整劳动力，因为他们知道员工将很容易找到其他工作。他们之所以有这样的信心，是因为其政府在教育和劳动培训上的支出比其他大多数国家都多——这一支出在国民收入中的占比是英、美等国的10倍以上。

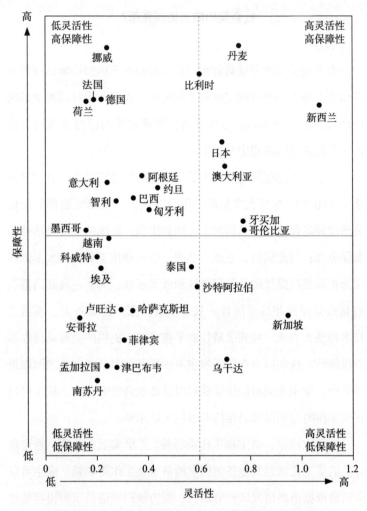

图9 各国劳动力市场相对于社会保障的灵活性指数

注：各国在雇主的灵活性和工人的安全性之间取得的平衡相当不同。"灵活性"被定义为工作时间僵化、招聘限制、解雇的财务成本和解雇的程序要求的反义词。"保障性"被定义为，根据各国最新的可用数据，在卫生、教育、收入支持和就业服务方面的公共支出占 GDP 的比例。要了解更完整的国家，请参阅原文。

能够成功平衡灵活性与保障性的新社会契约需要包含多个，因为人们可能面临不同的动荡环境。第一，支撑任何制度的一个关键特征是要确保每个人都能获得最低收入以维持体面的生活——能获得住所、食物和医疗保健服务。第二，它还需要为从事非传统工作的人、兼职工作者以及灵活就业者提供保障。第三，当劳动者面临经济动荡时，它需要根据动荡的具体性质提供相应的支持：在有些情况下，劳动者可能能在同一行业或地区找到相同职位的工作；而在另一些情况下，它将需要更加全面的应对措施，包括帮助劳动者接受培训并掌握新技能。接下来，让我们逐一考虑这三个方面——为收入设定最低标准、为所有工种提供更多保障，以及更注重员工培训和再就业。

设定收入底线

在传统社会中，那些陷入困境的人只能获得家人和社区提供的经济支持，这种支持可能有也可能没有。随着财富的增多，社会找到了更保险的办法来帮助人们免受失业或经济受挫所带来的灾难性后果，其中就包括设定收入底线。各国找到了许多设定收入底线的方法。

几乎世界上所有国家都有最低工资，要么是通过立法设定，要么是集体谈判协商的产物。[21] 最低工资在劳动者的工资增长陷入停滞的国家变得尤其重要。但是，尽管最低工资为收入设定了底线并且保护劳动者不受雇主剥削，但它不是收入保障；相反，设定最低工资是为了确保劳动者付出的劳动获得公平的补偿。实际上，很重要的一点是，不把最低工资设定得太高，否则那些生产力不匹配最低工资水平的劳动者可能会以失业告终。对于这些劳动者，负所得税（或所得税抵免）不失为一项更好的措施，既能保障其基本生活水平，又能保持其工作积极性。

除了最低工资，大多数发达国家还提供失业保险以支持失业人员。不同国家的失业保险的支付水平不等，有些只有之前工资的 30%（如哈萨克斯坦和波兰），有些则高达之前工资的 90%（如毛里求斯和以色列）。与此同时，补助期限也存在较大差异，哈萨克斯坦为 1.2 个月，比利时则为无限期。总体而言，发达国家的失业保险支付水平更高，还附带一些条件，包括失业人员可以工作并向机构定期汇报。例如，丹麦的"工作福利"制度不仅提供非常慷慨的失业补助（约为之前工资的 90%），还对参加培训以及培训后的再就业做出硬性规定。然而，因为大多数保险计划只覆盖那些签订正规劳动合同的人，所以世界上 3/4 的劳动者由于受雇于非正规部门而不在保险计划的覆盖范围内，这些劳动者大多数是在发展中国家。

设定收入底线的另一个方法是为特困家庭提供现金转移。这种计划最先出现在墨西哥和巴西，为贫困家庭提供定期的现金转移，条件是家长让子女入学或者参加公共疫苗接种计划。非洲的现金转移一直倾向于不附加条件，而且旨在帮助那些收入非常低的群体。如今已有 130 多个发展中国家推出某种形式的现金转移计划，为特困家庭提供安全保障，无论这些人是否有工作。现金转移计划的实现离不开手机的普及，手机促使政府能够以最低的行政成本识别特困家庭并直接向其银行账户汇款。在我就职于世界银行、英国国际发展部和国际货币基金组织的那些年，我见过几十个这样的计划得到实施并受到严格评估。已有大量的证据显示，这些计划有效地帮助世界各地的特困家庭摆脱了贫困，增加了营养，支持了儿童教育并改善了健康状况。[22]

各国采取了各种各样的措施，以确保失业补助发放给最有需要的人，同时又保持其工作积极性。印度的"农村就业保障计划"（Guaranteed Employment Scheme）面向所有公民以最低工资标准提供为期 100 天的工作，这些工作通常是建筑等领域的低技能岗位。其中的基本逻辑是，因为提供的工作十分艰苦，所以只有最需要的人才会申请。理想状态下，任何保障性最低收入都应当随着人们收入或财富的增加而减少，以避免所谓的"悬崖效应"，即人们发现自己从领取补助转为从事低薪工作后情况变差，从而打消了工作的积极性。

近期，人们围绕保障"全民基本收入"（universal basic income，UBI）展开了激烈讨论。这一日益流行的概念摒弃了以参加工作、让子女接受教育或参加卫生计划为条件，有针对性地提供了最低收入支付的理念。相反，所有成年人都可以无条件领取等额现金支付。这一概念的提倡者认为，全民基本收入不仅为劳动者赋能，而且还是应对经济动荡的最佳安全网，因此将在劳动者日益被自动化取代的世界里变得越来越有必要。[23]

有很多针对全民基本收入的试验。[24] 做得最好的国家之一是芬兰，它面向 2 000 名 25~58 岁公民每月无条件发放 560 欧元，即使这些人找到工作也有资格继续领取。两年后，证据表明这一做法没有对就业产生影响——参与者找到工作的概率与那些领取失业保险的人不相上下，尽管领取全民基本收入的人在幸福感方面的得分确实略高于那些领取传统失业保险的人。但是，由于全民基本收入没能达到政府的预期目标——通过为失业者提供学习新技能或开展新业务的支持帮助他们找到新工作（而不是让他们感到更幸福）——这一计划在 2018 年终止了。发达国家的大多数试验都表现出类似的好坏参半的结果。[25]

我的观点是，大多数国家可以制定出比全民基本收入效果更好的社会契约。全民基本收入的一个主要问题是成本高得令人望而却步——如果将全民基本收入设在一个较为慷慨的水平，那么它将达到一国 GDP 的 20%~30%，这就要求税收水平高到不可持续。[26] 在少数情况下，全民基本收入可能会是最佳选择，比如在非常贫穷的国家，没有机构有能力针对性地发放补助；或者其实行的政策更糟糕，如能源补贴政策（就像在伊朗，燃料补贴政策在 2011 年被面向所有家庭的现金转移取代）。[27] 但是对于绝大多数国家，如果目标是减少贫困，那么有针对性地提供补助才是更好的选择。在理想状态下，这些福利制度应当辅以支持性措施，以确保每个有工作能力的人能够工作并为社会做出贡献。劳动者赋能可以通过完善最低工资、福利补贴、工会保障和培训计划实现。

有人认为，相比设定收入底线，更好的方法是让人们拥有更加均等的财富数量，从而获得均衡的人生机会。例如，托马斯·皮凯蒂认为，财富应当每年被征收重税，以确保每个 25 岁的年轻人能获得 12 万欧元的资助。[28] 唯一一个尝试该计划的国家是英国，尽管规模不大。2002—2011 年，英国为每名儿童发放 250 英镑的补贴，这是工党政府的"儿童信托基金"项目的组成部分。贫困家庭的儿童可以多领取 250 英镑，家长还可以往账户充值，供孩子到 18 岁后使用。鉴于该计划所涉及的资金有限，它的影响就相对较小，这一点并不出人意料。

有一种观点认为，相较于收入转移，资产转移——不论是以现金的形式还是以土地或机器等可以创收的财产的形式——除了可以改善平等外，还具有更持久的影响。有证据表明，现金仅能使人们维持基本生活。孟加拉国的一个资产转移项目，主要包括为贫困女性捐赠家畜或其他能够创收的东西，成功帮助特困家庭彻底脱贫。[29] 至关重要的是，该项目在提供资产转移的同时，还为女性提供大量咨询和支持，这是项目成功的关键。授人以鱼不如授人以渔，与提供创收工具同样重要的，是传授使用工具的方法。

总而言之，所有国家都可以实现最低工资与最低收入保障的某种组合。在发展中国家，现金转移计划已经被证明是支持特困家庭的有效方法。在发达国家，为满足低技能劳动者基本生活需求的补充工资措施（例如通过所得税抵免）也取得了良好的效果。资本转移的概念还有待接受实践检验，值得进一步研究。我自己的观点是，像在第 3 章讨论的用于教育和再培训方面的资助会是投资后代并实现平等的更加可取的方法，并且从长期来看，也是更加有效的方法。正如伟大的经济学家、从伦敦政经走出的诺贝尔奖得主阿瑟·刘易斯所言："贫穷的根本解决之道不是钱，而是知识。"[30]

为灵活就业者提供保障

新冠肺炎大流行暴露出在危急时刻，不稳定的工作所存在的风险。猝不及防地，大规模的群体失去收入，发达国家的政府不得不介入，为自由职业者和灵活就业者提供支持，同时资助传统雇主留下员工。最受冲击的一般是那些技能水平低并且来自少数族裔的年轻人。[31] 在发展中国家，那些工作因疫情中断的劳动者完全失去生计。

如前文所示，雇主更倾向于灵活的就业安排，因为这能使他们减少所支付的社会保险、遣散费、养老金和医疗保健服务的金额。举个例子，在荷兰，雇主雇用一名正式员工的成本能比使用第三方员工的成本高 60%。在大多数国家，灵活就业者在养老金计划上的缴费很少或为零，所以他们不仅在经济动荡中特别受影响，在年老时也是如此。在像美国这样的国家，医疗保险通常与就业挂钩，灵活就业者会被排除在高质量的医疗保险覆盖范围之外，而那些签订全职劳动合同的人因害怕失去医疗保险而被困在了工作当中。

解决这一问题基本上有两种选择：我们可以让雇主根据灵活就业者的工作量为其支付一定比例的保险费；或者我们可以完全不让雇主负担社会保险，而是采取一般性税收支付的办法，这样一来就可以覆盖以任何形式就业的人。通过对不同就业形式的劳动者采取更加一致的税收办法，以上两种选择都能为灵活就业者提供更大的稳定，还有利于竞争、创新、财政的可持续。除此之外，如果我们能把由此获得的社会保障灵活用于不同的工作、部门和就业形式之间，我们就会更有能力应对自动化带来的巨变。许多国家正在试验如何做到这一点。

例如，荷兰通过立法保护兼职劳动者不受歧视，要求雇主为其提供与工作时长成比例的社会保障和其他福利。其结果是，荷兰 77% 的女性和 27% 的男性从事兼职工作——这一比例为世界最高。[32] 类似地，丹麦也规定，灵活就业者有权与更传统的员工享受同等福利待遇。

为自由职业者提供平等的待遇也是可行的。在大多数国家，自由职业者为社会保险计划的缴费没有受雇者多。以英国为例，雇主要为每名员工缴纳 13.8% 的国民保险费，而不用为自由职业者支付。相关的改革尝试受到重重阻力，但是，一个对雇用自由职业者进行征税（按照雇用正式员工的同等征税水平）的制度，能减少对灵活就业形式的偏见，并扩大社会保险的资金池。[33]

越来越多的政府正在推行强制雇主为灵活就业者提供更多保障的措施。例如，加利福尼亚州已经通过立法，要求优步和来福车等数字平台服务公司给予合同工与正式雇员同等对待。俄勒冈州、纽约市、旧金山、西雅图和费城也都通过了相关法律，要求企业为劳动者提供有保障的工时并提前通知工作安排，以确保劳动者的收入更可预测且更可靠。也有一些地区有面向部分劳动者的、可自愿选择的保障项目。纽约州成立了"黑色汽车基金"，这是一项非营利性保险计划，旨在为纽约轿车司机提供受到意外伤害后的收入保障。[34] 该基金在乘客的车费中增加 2.5% 的附加费，并通过为会员提供安全驾驶培训来减少出现意外的风险。

有人认为，许多劳动者乐意用稳定性换来工作时间上的自由。他们所指的尤其是通过网上兼职补贴收入的年青一代零工劳动者。但也有证据表明，美国和英国的灵活就业者宁愿选择更加传统的工作安排：大多数灵活就业者愿意用 50% 的时薪换取固定合同，用 35% 的时薪换取一整年的工作合同，而不愿只签订一个月的合同。[35] 一项针对英国、意大利和美国的零工劳动者的调查发现，80% 左右的人支持与雇主开设"共同保障账户"，以保障收入稳定。除了"共同保障账户"之外，灵活就业者想获得的工作福利，在意大利和英国是养老金，在美国是医疗保险。[36]

麦当劳最近为其在英国的 11.5 万名员工提供了变更合同的机会，即将零工时合同变更为有每周最低工时保障的固定合同。[37] 许多签订零工时合同的员工因无法证明自己有稳定的收入而不能获得抵押贷款或签订手机合约。尽管如此，与此前研究相左的是，麦当劳 80% 的员工选择不变更合同。这可能更多地说明了麦当劳的工作特殊性，而不是劳动者的一般倾向，但最有趣的发现或许是，麦当劳注意到，给予员工在更灵活与更稳定的合同之间进行选择的机会之后，员工满意度和顾客满意度都得到了提高。

许多领先企业正在从狭隘地关注股东价值最大化转向更广泛地关注企业目标和服务利益相关者，包括为员工提供更多保障和福利。[38] 许多经济学家认为，重要的是创造"好的岗位"或鼓励"高尚的雇主"——这些雇主因投资于员工培训以及提高岗位质量而能支付得起高于市场的工资。[39] 许多雇主成功地做到了这一点并且保持着竞争力，这表明这种做法是可行的。尽管这种做法值得称赞和鼓励，但我还是认为，只靠道德劝说是不够的——要想所有企业都能在社会责任、福利待遇和培训方面付出实际行动，从而创造公平的竞争环境，我们还需要立法或监管。

灵活就业者是工会的重要潜在会员，在为他们争取更大保障方面，工会扮演着重要的角色，而且现在已经出现了许多灵活性工会组织的例子。在意大利，送餐员协会、工会以及博洛尼亚市议会之间达成了一项章程，其为户户送和优食等家庭送餐服务的工资、工时和保险设定了最低标准。如果这些平台拒绝在章程上签字，市长就会组织抵制活动，这种做法被证实很有效。[40] 在印度，自由职业妇女协会同时发挥着行业工会和合作组织的功能，帮助200多万女性获得了公民、社会、经济等方面的权益。数字技术在带来更多灵活性就业的同时，也能为灵活就业者所用，以组织起来，应对灵活性就业增多的境况。

帮助劳动者调整适应

为所有就业形式的劳动者提供最低收入水平和福利保障，这是新社会契约的不可或缺的组成部分。作为回报，那些失业者只要身心健康，就有义务接受必要的再培训以尽可能快地重返工作岗位。社会应当如何帮助失业者重返工作岗位呢？若大量劳动者因技能落后而失去工作，会发生什么情况呢？有可能通过再培训帮助低技能劳动者或落后地区居民发现新的机会吗？

对于发达国家和发展中国家劳动者培训项目的有效性，已有数百项学术研究。[41] 研究结果错综复杂，但关于哪种项目是有效的，研究结论清晰明了。针对就业安置的干预措施，比如帮助寻找新工作以及监督求职者行为，能有效地促使人们，特别是低技能劳动者，在短期内重返工作岗位，并且运作成本不是特别高。为满足雇主特定需求而设计的、与实际工作经验相结合的培训项目比那些脱离实践的课堂培训影响更大、效果更好。尽管这种培训的成本会很高，但放到若干年后来衡量，其好处巨大，特别是对那些长期失业的人而言。如果培训能带来某种形式的认证或正规证书，那么这也会起到帮助作用。对技能较低的劳动者而言，给予参与者行政支持的项目也容易带来更好的就业结果。[42]

我们还知道哪些项目不起作用。简单地把劳动者送到高校或职业培训机构接受课堂培训，通常是很糟糕的投资决定。旨在鼓励企业吸纳就业的补贴虽然可以提高就业率，但同时会导致资金浪费，因为雇主往往本来就会雇用那些人。公共部门为失业者人为设立岗位的计划无一奏效。相比为已经有被取代风险的劳动者提供培训，为预计迎来技术变化的劳动者提供培训的效果更好。[43]

瑞典就业保障委员会是一个很好的例子，它为面临集体失业风险的劳动者提供了计划周全的支持。在员工失业前，委员会就为每个人提供咨询、培训、经济援助和创业支持。[44]该委员会与工会及雇主通力协作，重点面向因技术或经济因素而面临失业风险的员工。员工会有专门的培训老师，在被解雇前的6~8个月开始培训。这一揽子支持政策的资金来源是对雇主征税，税率为员工所得的0.3%。该委员会的成功率很高：74%的劳动者找到了新工作或者继续接受培训，70%的劳动者再就业后的工资能维持不变或有所上涨。[45]

理想情况下，国家应当从战略层面思考未来的工作机会将出现在什么领域，并帮助年轻人和当前的劳动者为将来做好准备。20世纪五六十年代的人力规划（当时的叫法）声名狼藉，因为苏联式中央规划者试图精确地估算出经济需要多少焊工、糕点师、教师和护士。不出所料，他们的估计被证明并不准确，因为他们无法预料到即将出现并会扰乱就业的技术变革。尽管如此，考虑到可能的技术发展进程，就算无法预测具体的工作岗位，我们至少还有可能识别出未来所需的技能类型。

举个例子，丹麦正是基于这种分析制定出教育和员工培训策略。丹麦实施了积极的劳动力市场政策，即一些旨在帮助劳动者更新技能并保持就业状态的项目。丹麦在这些项目上的花费比世界上任何其他国家都要多（约占 GDP 的 1.5%）。丹麦工作福利与应对干扰委员会（Danish Workfare and Disruption Council）这样描述自己的目标："我们必须让每个人都成为未来的赢家。我们必须防止因变革而分化出受益者和落后者。"[46] 为实现这一目标，丹麦制订了一项覆盖初等教育到职业培训的全面且具有前瞻性的计划，它重点支持那些不太容易找到工作的群体——有缺陷的人、新移民以及缺乏技能的人。这个制度虽然很慷慨，但也很严格：失业补助的有效期只有一年，在这之后，失业者必须积极参加最长可达三年的培训或实习。失业者要积极接受社会工作者的监督和帮助，大多数失业者都能在一年内重返工作岗位，这时候他们还远不会与就业市场脱节。[47] 因此，丹麦一直是世界上失业率最低的国家之一，也是就业人口占比最高的国家之一。

有越来越多的证据显示，让劳动者尽早开始适应技术变革，不仅有利于劳动者本身，还有利于整个企业的生产力和生产效率。[48] 例如，一项针对纽约州 304 家引进电子医疗记录系统的疗养院的研究发现，那些鼓励员工在运用新技术的过程中寻求建议、参与决策和解决问题的疗养院极大地提高了生产力。[49] 做得最成功的疗养院早在技术变革发生之前就告知了员工，并且给予他们培训和实践机会，从而使技术优势得到最大限度的发挥——针对原有岗位被技术取代的劳动者，会通过培训使他们适应新的岗位。

同样地，这种做法不仅符合员工的利益，还能使雇主受益。如果企业解雇员工并用新人取而代之，这就会产生遣散费、招聘成本和新入职成本。一项美国的评估发现，针对那些将在 10 年后被技术取代的员工，即使考虑到培训成本，包括培训时的产出损失在内，对雇主而言，为其中 25% 的员工提供培训也要比雇用新员工更划算。[50] 如果培训成本可以由整个行业共同承担，那么为其中 50% 的员工提供培训对企业来说也具有经济效益。如果考虑到持续就业所产生的更广泛的公共利益——不间断的税收支付和福利成本的降低——那么为 77% 的员工提供培训也是有意义的。

本章阐述了在工作领域建立新社会契约的必要性和可能性。贫穷国家可以为特困人口提供最低收入，并且其标准可随社会财富的增加逐步提高。发达国家的最低工资保障已经实现，可以通过制度设计来激励失业者重返生产性岗位。通过为签订各种类型劳动合同的所有劳动者提供福利保障，就业的灵活性与稳定性可以被平衡。失业的风险被共同承担，这将在很大程度上缓解人们的不安全感。最后，加大对劳动者更新技能的投资能促使他们继续为社会做出更长久的贡献。

第 6 章

养老

我们所有人都（但愿）会老去。当我们真的老去时，大多数人都会面临两大挑战——我们在不能工作时如何维持自己的经济来源，以及我们在无法独立生活时将得到怎样的照顾。大多数社会预期必须为民众提供最低水平的支持，让那些在年老时无法工作或无法自理的人仍能过上体面的生活。正如社会契约的其他方面，关键的问题是围绕养老的风险如何在个人、家庭、社会和市场之间分摊。但是，没有人知道老年人能活多久或者其健康状况将会怎样，这使得为养老做出规划比考虑社会契约的其他方面困难得多。我的祖父是一名节俭的科学家，从未料到自己能活到94岁。与之相比，我的外祖父大手大脚，他在72岁时突然去世，去世前刚把家里农场的橘子卖出去，还用卖橘子的钱下单了一个新衣柜。

在历史上，大多数人在60岁以后仍会继续工作，退休的概念到20世纪才出现。传统上，老年人由家庭中的女性照顾。但随着人均寿命的延长，再加上我们越来越希望晚年有大部分时间不用工作，以及越来越多的女性走出家庭进入职场，这一切都让养老问题面临的挑战更加艰巨。人们常说相比起来，东方国家对老年人更尊重，但即使在日本和韩国这样的国家，多代同堂的家庭也变得越来越少见，老年人往往独自生活。正如社会契约的许多部分，养老的风险越来越由我们个人承担。

一个社会会为个人承担多少退休金和老年照顾责任？个人应当工作多长时间才能有资格领取养老金？社会是否应当提供最低收入以避免老年人生活陷入困境？如何才能以一种既人道又具有经济可持续性的方式安排老年人的生活？大多数国家解答上述问题的速度赶不上老龄化的速度。在不久的将来，老年人就会丧失照顾自己的途径或能力，这就是风险所在。

老龄化和变化的劳动力市场

20 世纪以来，人口预期寿命的增加是人类的一项重大成果，但也带来了巨大挑战：那些处于劳动年龄的人需要养活越来越多的老年人。在日本，65 岁以上人口与适龄劳动人口（20~64 岁）的比例最高。在未来 50 年，所有发达国家的这一比例都会翻一番。到那时，每个劳动者将至少供养一个老人。大多数中等收入国家目前人口相对年轻，但在那些仍处于发展最初阶段的资源较少的经济体中，老龄化速度很快。非洲和南亚的低收入国家往往有年轻的人口，它们面临的挑战是如何创造足够的岗位并建立完善的机制，以确保人们在老年时有足够的退休收入。

社会通过政治程序设定人们有资格领取养老金的年龄，从而决定个人能享有的退休金金额。俾斯麦于 1889 年推出德国首个强制性养老保险计划，将退休年龄设为 70 岁。考虑到当时的人口预期寿命，这意味着国家需要平均为每个人提供 7 年的养老金。1916 年，德国的退休年龄降低到 65 岁，这在今天意味着国家需要平均为每个人支付 20 年左右的养老金。大多数国家的模式都类似：退休年龄推迟的速度比预期寿命延长的速度慢，这意味着退休年数正在变长。在大多数中等收入国家和高收入国家，如今的劳动者可以期望在退休中度过 1/3 的人生（见图 10）。不工作年数增加最多的国家是奥地利、比利时、智利、德国、卢森堡、波兰、斯洛文尼亚和西班牙。

基本的问题在于，退休年数相较工作年数增幅太大，所以劳动者在工作年龄存下的养老金无法满足其那么多年的养老所需。将这一点体现得最明显的是现收现付制度，即上一代劳动者的养老金由这一代劳动者支付。随着老年人口增多及劳动人口缩减，劳动人口的经济负担变大。到 2060 年，所有 G20（二十国集团）成员的人口都将会缩减，需要由劳动年龄人口供养的 65 岁以上人口将至少翻一番。为支付他们的养老金，大多数国家要么将大幅提高税收，要么将大规模增加国家的债务负担。[1]

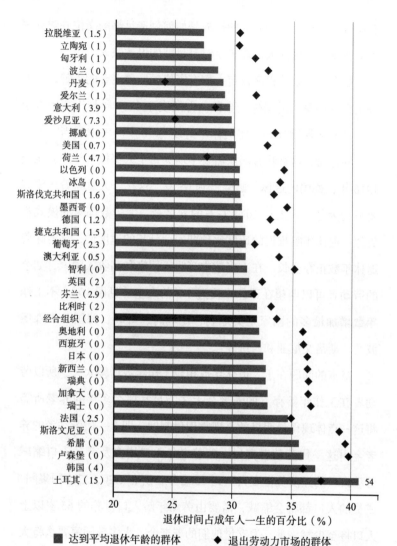

图 10　退休时间的长短占成年人一生的比例

注：劳动者的退休时间占比更多了。括号内的数字是指为获得全额养老金所提高的退休年龄。

　　　　　　　　　　　　　　　　　　　　　　　　　　新社会契约

这里的问题不是人们的寿命太长，而是他们储蓄不够且退休太早。与此同时，老龄化社会的儿童更少，所以社会需要加大对年青一代的投资，使其具有足够的生产力，从而有能力养活数量更多的老年人。在这两个方面，增加储蓄和加大投资都是十分必要的。

目前面临的挑战更加严峻，因为养老金制度没能跟得上就业模式的变化，尤其是灵活就业越来越重要这个变化（正如上一章所言）。许多国家的自由职业者可以选择退出养老金计划或者只缴付较低的费用，从而使未来的福利减少。有些养老金制度对频繁换工作的劳动者极为不利。那些不择一而从的劳动者通常只能提取个人养老金，其退休储蓄又往往不足，因而会将自己的老年生活置于风险之中。能适应灵活就业和兼职工作的养老金制度的缺失尤其会对女性造成更大的影响。因此，养老金制度改革势在必行。

改革养老金制度的挑战

正如上文所提到的，大多数发达国家正在通过把风险转移到个人身上来应对老龄化带来的财政压力。在被称为固定收益计划的传统养老金制度中，雇主承诺根据员工的工资和工龄为员工支付固定的养老金金额（固定收益）。雇主承担的风险是，员工的缴费可能不够覆盖养老金成本。这种养老金计划现在被固定缴款计划取代。在这种情况下，雇主定期为员工存缴一定的金额（固定缴款），这些钱被员工用于投资，以支付未来的养老所需。至于投资结果好坏以及资金是否足够员工养老，风险不由雇主承担。很少有人具备应对这种风险的理财能力，但固定缴款的养老金制度在世界各地越来越普及。[2]

与此同时，发展中国家的养老金制度只存在于正规部门，而许多国家的正规部门只占总体经济的极小部分。于是，照顾老年人的成本主要由家庭负担，还有较小部分由志愿组织承担。问题是，发展中国家的人口老龄化速度远超养老金制度的普及速度。除非更多的劳动力被纳入养老金制度，否则靠家庭和政府财政支持的养老金安全网将会不堪重负。因此，发展中国家的第一要务是必须促进工作岗位正规化、扩大强制性养老金制度覆盖面，以及设定切合实际的退休年龄。

尽管近期实施了改革，但是在大多数国家，养老金的可持续性正面临压力，特别是在低利率的国家，养老金的投资收益率低。有三种可能的解决办法：延迟退休年龄、扩大缴款规模或减少养老金承诺。近年来，各国将这三种办法一一尝试。[3]一个扩大缴款规模的途径是通过允许更多的移民流入来引进适龄劳动力，但这会带来其他政治和社会层面的挑战。

换言之，养老金制度改革需要对已经失效的社会契约进行重新谈判。这意味着鼓励个人增加养老储蓄和延长工作时间，让灵活就业者更容易、更自动地加入养老金计划，以及为个人提供更有效的共同抵御风险的方式。最后，养老金制度作为一道社会安全网，要保障所有人都能领取最低养老金，以避免弱势群体，尤其是低收入者和以女性为主的被中断就业的群体在老年时陷入赤贫。一个理想的养老金制度要能为所有人发放最低公共养老金，

新社会契约

同时提供以保险为基础的多种选择，让劳动者用来补充老年收入。

问题是，养老金制度改革饱受争议，人们一般拒绝放弃他们以为是自己争取到的且有权享有的东西。养老金制度改革还极具政治性，原因很简单，即老年人的投票率比年轻人高。例如，在经合组织国家，2012、2013 年的大选投票情况是 55 岁以上人口的投票率为 86%，而年轻人的投票率只有 70%。老年人在政治游说方面也往往占有优势。随着发达国家中间选民年龄的增长，养老金公共支出在 GDP 中的占比增加了 0.5%，这绝非偶然。[4]

大多数国家往往在财政压力积重难返的危急时刻才实施改革。即便如此，要达成养老金改革的政治共识通常涉及"祖父条款"——老人老办法、新人新办法，其间还会有很长的过渡期。强烈奉劝人口更加年轻的非洲、中东及南亚国家，趁那些不可持续的承诺还没被既得利益者套牢时，尽早行动起来。

延迟退休

好消息是（至少从养老金供给角度来看是好消息），人们已经在延长工作年数，并且他们期望在未来工作更久。例如，在经合组织，55~64 岁人口的就业率从 2000 年的 47.7% 猛增至 2018 年的 61.4%，而 25~54 岁人口的就业率几乎没有变化。[5] 在德国、意大利、法国和澳大利亚这样的国家，以及受教育程度较高的劳动者中，工作年数增加最多。各国都在延长退休年龄（见图 11），

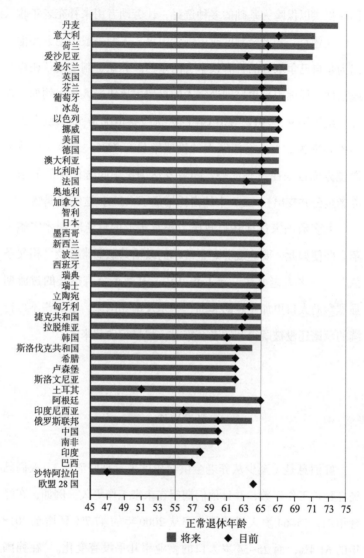

图 11　22 岁进入劳动力市场并且拥有完整职业生涯的男性的正常退休年龄

注：各国退休年龄均有提高（只是不太快）。

一般延长至 65 岁以后，有些高收入国家甚至延长至 70 岁以上。对于大多数中等收入国家，略低于 60 岁的退休年龄更加常见，因为它们适应预期寿命增加的步伐相对缓慢。

然而，工作年数的增加仍不足以覆盖退休年数增加所带来的成本。填补这个缺口的最显而易见的办法是把退休年龄与预期寿命直接挂钩，确保工作年数与退休年数保持恰当的比例。包括丹麦、爱沙尼亚、芬兰、希腊、意大利、荷兰和葡萄牙在内的许多国家已经将这种办法付诸实践。以葡萄牙为例，退休年龄延长年数等于预期寿命增加年数的 2/3。这既能让人们享受长寿带来的好处，又能增进养老金制度在经济上的可持续性。不管采用什么公式，我们都要让两者保持一定的比例关系，从而使退休年龄在预期寿命增加时自动调整。如此一来，我们就能够避免围绕延长退休年龄问题频繁进行政治辩论，并且能给予人们调整期望的时间。

但是，这一做法也具有争议性，有些国家因遭受政治反对势力而中途放弃。斯洛伐克共和国放弃了将退休年龄与预期寿命挂钩的做法，直接将退休年龄延长至 64 岁。意大利将针对某些劳动者的挂钩政策推迟至 2026 年实行。西班牙也推迟了将退休年龄与预期寿命挂钩，荷兰则暂时中止实施这一政策。加拿大、捷克共和国和波兰等国也发生了类似的反转。[6]

拒绝延长退休年龄的根本原因通常是担心公平性问题。有一种反对观点是，增加的寿命年可能是不健康的，因此期望人们在不健康的状况下工作是不合理的。然而证据似乎表明，事实并非如此——增加的寿命年往往是健康的,这表示人们确实有能力工作更长时间。另一种观点是,相对贫穷的人会更早去世,从事更多体力劳动的人可能无法工作更长时间,因此延长这些群体的退休年龄是一种退步。虽然这些观点能站得住脚,但是据估计,这些群体遭受的损失极为有限。[7] 不管怎样,就算将其复杂化,将预期寿命的社会经济差异考虑在内,从而为有更高健康风险的人提供更大的福利,也是有可能实现的。[8]

在女性的养老金方面,公平性也是一个重要问题。许多国家的女性退休年龄比男性退休年龄小,尽管女性往往有更长的寿命。女性的工作生涯往往比男性短、所得工资往往比男性少这一事实,就造成了女性的养老金水平更低。例如,在欧洲,女性的平均养老金水平比男性低25%。这就是为什么老年贫困人口以女性居多。从长期来看,统一男性和女性的退休年龄是一种趋势;再加上促进男女工作机会平等化的政策,其将有助于消除养老金的男女差距。[9]

将所有人纳入养老金体系

为养老金计划缴费的人越多,就越能分担风险,养老金制度的效率和可持续性就会越高。所以,为了保障所有人都能享有国家财政支持的最低养老金安全网,每个人都需要做出贡献。与前几章所论述的最低工资和最低医疗保障相同,最低养老金水平在不同国家间存在巨大差异，这取决于国家的支付能力。但最起码最低养老金应当足够使民众在老年不陷入赤贫状态。此外，为了以一种公平的方式保值，国家养老金应当参照物价、工资或人均收入等多项指标进行调整。往往在富人中更常见的自愿性养老金将被添加到公共最低养老金之上，国家会按照正常储蓄的税率对其征税。不过，制定一些鼓励养老储蓄的税收激励政策可能很有价值。

但问题仍然存在：低收入劳动者的储蓄能力有限，通常也没有必备的理财能力，并且无法从面向高收入养老金储蓄群体的税收激励政策中获益。如何才能将他们纳入养老金体系？有些国家，比如新西兰，通过补充缴费或提供初始津贴鼓励人们加入养老金计划。但将人们纳入养老金体系的最有效的办法之一是将这一过程变成自动加入。顾名思义，自动加入就是让加入养老金计划成为默认选项，后期可以选择退出。在实行自动加入的国家，比如巴西、德国、新西兰、波兰、俄罗斯、土耳其以及英国，加入养老金计划的人数得到了大幅增加。在美国，自愿参加企业养老金计划被设为默认选项后，参加人数翻了一番。智利更甚，实行强制加入养老金计划。在自动加入的情况下，大多数劳动者不会退出养老金计划（特别是如果雇主也被强制缴款），因为加入过程很容易，并且经济激励因素会打消其退出念头。允许劳动者渐次增加缴费或者将未来收入增长的部分按一定比例自动划入养老金账户的项目都取得了成功。[10]

养老金制度还需要适应第 5 章所述的灵活就业模式的快速

发展。大多数养老储蓄不足的人，以及从事自由职业、兼职工作或者签订临时合同的劳动者，特别容易遭受养老风险。这类灵活就业者通常是女性、年轻人或老年人，以及低收入群体。将灵活就业者纳入养老金体系不仅能扩大存缴人员的规模，还能降低雇主为节省成本而与劳动者签订非正规合同的动机，因为根据规定，他们也要为灵活就业者缴纳养老金。但是，为了让自由职业具有吸引力从而减少在非正规经济中就业的诱惑力，许多国家不要求自由职业者加入以劳动所得为基础的养老金计划（如澳大利亚、丹麦、德国、日本、墨西哥和荷兰），或者允许他们存缴更少的数额，从而造成年老时的养老金更少（如加拿大、法国、意大利、韩国、挪威、波兰、斯洛文尼亚、瑞典、瑞士和美国）。[11]

　　一个更加包容的养老金体系将使灵活就业者自动加入自愿性养老金计划，并要求雇用他们的企业像对待正式雇员一样为他们缴纳养老金。这对于从事兼职工作和临时工作的劳动者相当简单，但对于不签订劳动合同并可能有多个雇主的自由职业者就比较复杂。一种选择是让劳动者既支付员工存缴部分又支付雇主存缴部分（但这会降低自由职业的吸引力），另一种选择是让国家为那些收入很低的自由职业者缴纳养老金，以此鼓励他们为退休储蓄。久而久之，养老金制度的覆盖面、缴费及权益在传统就业者和灵活就业者之间实现平衡，这从多个角度讲都具有意义：能够减少老年贫困相关风险、保障公平性、提高风险分摊效率，以及促进劳动者在不同类型的岗位间流动。

　　增加养老金计划缴费人数的另一个办法是直接让更多的人参

加工作。第 2 章论述了随着女童接受教育、社会规范改变以及育儿服务的可及性得到改善，几乎在世界各地的劳动力市场，女性参与率均有提高。像日本这样的快速老龄化国家正通过增加育儿服务供给、调整打消女性工作积极性的税收制度，积极鼓励更多的女性参加工作。[12] 消除歧视性政策并投资育儿和养老服务，能够鼓励女性留在工作岗位上，进而促使养老金体系更加可持续。同样地，移民劳动者已经成为养老金体系重要的新缴费群体，在美国，移民劳动者占新增劳动力的 65%，欧盟的这一占比为 92%。[13] 当然，移民会带来社会影响和政治影响，但其通过扩大为养老金体系缴费的年轻劳动者规模，也能成为解决方案的组成部分。

分摊风险与灵活退休

大多数人没有足够的储蓄。针对 140 个国家的调查显示，发达国家 50% 的成年人、发展中国家 84% 的成年人都没有养老储蓄。[14] 所幸的是，随着数字银行和手机银行兴起、新型储蓄产品出现，以及能以较低成本咨提供投资建议的能投资顾问的出现，储蓄的机会得到大幅增加。

"助推"手段也被有效地运用到促进储蓄当中。例如，肯尼亚进行了一项测试，使用三种不同的干预手段鼓励非正规部门的劳动者进行储蓄，以观察哪种干预手段效果最好：模仿参与者子女的语气发出的信息提醒，让参与者用来记录每周储蓄金额的金色硬币，以及根据参与者的储蓄金额给予 10%~20% 的额外补贴。有趣的是，金色硬币使平均储蓄率提高了一倍，比信息提醒或财务激励更有效。[15] 菲律宾的一项干预手段所基于的是一种常见的人类心理：更倾向于害怕和规避损失，而不是追求并享受同等的收益。该项目要求参与者做出储蓄承诺，如果参与者没达到目标就要受到惩罚。这带来的结果是，储蓄增加了 81%。储蓄决定涉及深层次的心理因素，上述例子表明行为干预可以起到帮助作用。

但在退休收入方面，许多人希望少承担投资决策责任，而多一些确定性。为实现这一目标，包括加拿大、丹麦以及荷兰在内的多个国家推出了固定缴款计划的替代政策，即集体固定缴款计划。集体固定缴款计划以员工缴费和雇主缴费为基础，所有的缴费进入一个集体账户，个人没有自己单独的养老金账户。其优点在于，投资风险被分散到更大的群体中，减少了不确定性，并带来了更低的成本。一项研究发现，在过去 50 年里，实行集体固定缴款计划所提供的养老金水平能稳定在收入的 28%，实行固定缴款计划所带来的养老金水平波动较大，为收入的 17%~61%。[16]

集体固定缴款计划可能不适用于年轻人，因为他们处于职业生涯早期，比较喜欢高风险投资。即使是集体固定缴款计划，其最大收益率也相对较低。但另一方面，其收益率非常低的可能性也小得多。另一个优点是，与固定缴款计划不同，集体固定缴款计划不会建议个人随着年纪增长将养老金账户中的高收益、高风险股票换成低风险、低收益的债券。同样地，如果缴款人恰巧在

新社会契约

市场低迷时退休，那么对养老金造成负面影响的风险也会减少。

职业发展更像爬树而不是爬梯子，退休同样如此。对许多人来说，突然从全职工作退休会很不适应，因此退休会伴随很高的死亡风险（特别是对于男性）就不足为奇了。比起在 65 岁时从职业生涯的梯顶一跃而下，更好的做法是沿着树的枝干慢慢爬下。养老金计划应当允许人们逐步退休，使人们转向灵活就业或做兼职工作，而不对人们的养老金安排造成不良影响。例如，在瑞典，达到退休年龄的人可以取出全部的养老金，也可以取 75%、50%、25% 的养老金，或者一分不取。没取出的部分会继续增值，并且如果达到退休年龄的人继续工作，他们就可以继续存缴，从而增加其老年时的收入。

大多数劳动者称自己更愿意在退休前有个过渡期，比如可以从事一段时间的兼职工作，但只有为数不多的雇主提供这种选择。[17] 第 5 章中提到的废除法定退休年龄、实行灵活的工作时长和办公地点安排（包括允许居家办公）、为老年劳动者提供终身学习项目，都有助于增加生产性工作的年数。[18]

随着时间的推移，人们能想象到老年劳动者可以有多种途径获取收入——国家最低养老金、自愿性雇主养老金、个人储蓄和兼职工作。图 12 展示了不同国家的老年人已有不同的收入来源。在法国、意大利和德国，国家为 65 岁以上人口提供大部分收入。在土耳其，由雇主提供的养老金占比最大。在智利、韩国和墨西哥等国家，65 岁以上人口主要通过继续工作获取收入。这种老年收入来源的多样化应当逐渐普及。

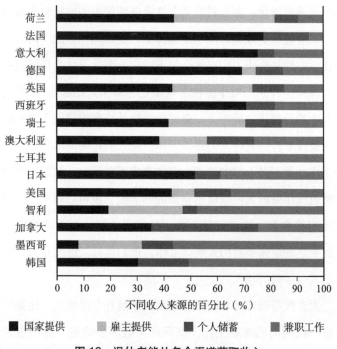

图 12　退休者能从多个渠道获取收入

由谁来照顾老人？

在埃及，我的外祖母掌管着一个几代同堂大家庭的日常起居，这种家庭是一个庞大家族的核心单位。午餐从下午 2 点开始（她喜欢在这个时间用餐），一直到下午 6 点左右结束，其间先是孙子女和重孙子女放学回家，然后是大人下班回家。有时候，她的 17 个兄弟姐妹或者他们的后辈也会加入我们。虽然有人帮忙，

　　　　　　　　　　　　　　　　　　　　　　　　　新社会契约

但外祖母是处理复杂家庭事务的主要负责人——她是化解矛盾的首席外交官、家庭大事的第一发言人，以及所有重大活动的组织者。她很爱这家"企业"，但也承担着大量责任。随着她的年纪越来越大，她曾经照顾的家人开始照顾她。这是世界上很多地方仍然存在的家庭模式，不过这种模式正逐渐被小家庭和老人独自生活的模式取代。

到目前为止，我们思考了很多为不能工作的人提供经济支持的办法，现在让我们思考老年人面临的第二个挑战：由谁来照顾那些不能独立生活的老年人。正如本章开头提到的，在历史上大多数时间，所有社会的老年人主要由家庭中的女性成员照顾，这也是当今世界大多数地区的情况。但随着家庭规模变小，更多女性进入劳动力市场，老年人及其子女的社会观念发生变化，再加上寿命延长导致老年人需要照顾的时间增加，许多国家都在艰难应对。日本正尝试使用可以为老年人提供一系列服务的机器人。许多欧洲国家正在试图吸引外国的护理从业者流入。抱团养老、社区养老和"居家养老"等新模式都在探索中。

但随着最近欧美的年轻人发现他们无法成立自己的家庭，向西方小家庭模式发展的趋势发生了逆转。截至 2011 年，欧盟国家 48% 的 18~34 岁人口与父母同住。类似地，美国 18~34 岁人口中与父母同住的人口占比增加到 36% 的历史新高。[19] 这种现象背后的驱动因素是不断上升的住房成本和第 5 章中所述的越来越多的年轻人从事不稳定工作。在经历了严重经济困境的国家，比如 2008 年金融危机后的意大利和西班牙，许多年轻人因失业而被迫回到父母家生活，因而"回巢族"的占比尤其高。与此同时，许多国家的税收政策和住房政策鼓励人们开发房屋净值作为养老收入来源，所以老年人一直在购房、囤房，而年轻人没有父母的帮助根本就买不起房。由此出现了"租房一代"和"房东一代"的说法。

有意思的是，发达国家和发展中国家的家庭都在面临类似的挑战，家庭成员必须集中收入、共担风险，以应对经济的不确定性、工作和养老金的不稳定性以及住房成本的不断攀升，原本鼓励大规模自有住房和社会保障性住房的政策也出现逆转。年轻人越来越无法在没有父母帮助的情况下开启自己的独立生活，而没有足够养老金的老年人有时被迫与子女同住，或者出租房屋以补贴收入。面临这些压力，像我外祖母家那样几代同堂的家庭模式被证明是维持生活水平的可行之道。

话虽如此，在未来几十年，许多老年人特别是女性将会独自生活。原因很简单：我们的寿命在变长。

在 21 世纪老去

在 21 世纪，长寿将会成为常态。对男性而言，活到 85 岁的概率将从如今的 50% 增至 2100 年的 75%；对女性而言，这一概率将从 64% 增至 83%。[20] 在加拿大、法国、意大利、日本、英国和美国等国家，那些在 2000 年以后出生的人（比如我的孩子）

有 50% 的概率能活到 100 岁。[21]

对于绝大多数老年人，只要情况允许，他们更愿意独自在家生活或者与家人共同生活。老年人能否如愿以偿，取决于他们怎样老去以及增加的寿命年是否健康。衰老的相关研究发现，增加的寿命年的确是健康的。[22] 尽管如此，许多老年人仍需要在日常事项中得到帮助，比如洗澡或做饭。最不可能健康地老去的是早年生活贫困的低收入人群。换言之，那些最有可能需要最多帮助的，将是那些最没有支付能力的人。虽然家庭养老通常比机构养老更容易负担（那些严重需要机构养老的人除外），但对于低收入老年人，基本的养老服务也常常是其负担不起的。[23]

大多数发达经济体为没有支付能力的老年公民提供机构养老服务，大多数发展中国家将这一责任压在家庭和社区身上。未来面临的挑战是要出台支持家庭养老的系列政策，以尽可能延长家庭养老的可持续时间，包括促使家庭成员履行养老责任，支持专业养老人员上门服务，以及更有创造性地运用技术。至关重要的是，这还意味着要更好地协调和整合医疗保健服务和养老服务，包括其融资渠道。大多数国家的养老服务独立于卫生系统之外，导致存在许多效率低下的情况——最明显的情况是，但凡能得到一点儿支持，老年人就可能在家安享晚年，而现在只能躺在昂贵的医院病床上等待死亡。[24]

这些政策对于发展中国家，尤其是亚洲的发展中国家正变得越来越重要。在这些国家，人口正在快速老龄化，同时随着人们生育的子女更少，年青一代流动性更强，以及更多女性参加工作，家庭赡养体系变得缺乏活力。比如说，中国通过提供培训和经济补贴等措施支持家庭看护，基层社区正在为老年居民提供餐饮和住宿服务。[25]

从根本上说，为使居家养老切实可行，我们必须把无偿的护理工作变为有偿服务，不管这一服务是由专业人士提供还是由家庭成员提供。有些富裕国家，比如荷兰和北欧国家，为不同收入群体无差别提供长期护理服务，但大多数国家的公共养老支持针对的是那些支付不起的人。扩大支持范围到为照顾自己的老年亲属的人们提供报酬可能看起来很奇怪，但相比机构养老而言，这种做法（对于老年人和照顾他们的人）更加人性化、更有效果，并且成本更低。由亲属提供照顾还能减轻老人的孤独感和抑郁症状。[26]一套设计完善的长期护理制度还有额外的好处，那就是在护理行业创造更多就业岗位，同时使更多女性得以继续就业，并通过税收和养老金存缴为养老服务贡献力量。

在所有国家，从给予非正式护理人员的支持中获益最大的都是女性。[27]她们负担了照顾老年人的大部分成本，具体表现为失去收入和承受心理健康问题等，而讽刺的是，这种负担会导致她们在自己老去时陷入困境。[28]现金福利、养老金贷款、保障非正式护理人员得到休息的临时看护，以及可以使劳动者请假照顾老年人的灵活工作安排等，这些支持非正式护理人员的政策都十分有益，并且特别对女性有利。不出意外的是，在那些拥有资金最充足的长期护理服务体系的国家（如荷兰、丹麦、瑞典和瑞士），女性就业率最高，男女不平等水平最低。

技术也能起到帮助作用。第4章论述了通过智能设备和可穿戴技术实现的远程医疗和基于家庭的健康监测，让患者在家接受多种疾病的远程诊疗成为现实。日本正在大力投资"看护机器人"，以避免像欧洲那样需要大量引进国外护理人员。看护机器人能够测量被看护者的基本生命体征，呼叫紧急服务，提醒人们服药或锻炼，甚至还能参与基本的对话。[29]它们能够探测到被看护者摔倒并打电话求助。声控技术和自动驾驶技术能够帮助老年人独立操作设备并且顺利出行。在应对新冠肺炎疫情的封锁时，我们看到技术还能帮助独居老人与亲朋好友保持联络。

但是，技术能够提供的多是身体方面的照顾，还必须以人际互动作为补充。如果我们想让更多老年人在家独立生活，就必须解决孤独感问题，这一点十分重要。日本已经开发出许多有趣的模式：市政当局负责组织"沙龙"，为老年人提供社交机会，以交流社会新闻，参与文化、教育活动或体育运动。研究表明，参加沙龙能使长期护理需求减少一半，使阿尔茨海默病的发病率减少1/3。[30]将老年人和年轻人聚在一起的测试，比如让学生走进养老之家以及让老年人走进学校教室，被证明对两类群体都有益。[31]

死亡的尊严

新冠肺炎疫情带来的最糟糕的影响之一是，许多人在医院里孤独地病死，而他们无疑会更希望在家里、在家人的陪伴下离开人世。在医院度过最后的时间往往意味着接受高度医疗化的干预手段，而这些干预手段并不能提升人们的生命质量，只是争取了更多时间。[32] 从社会契约的角度，这里的挑战不是减少成本（因为会产生高昂的老年医疗费用的往往是患有慢性疾病的人，而他们的预期寿命一般较短[33]），而是如何保障人们有尊严地死去，这对大多数人来说意味着在没有痛苦、有所爱之人陪伴的情况下离世。事实上，许多国家正在避免让临终之人待在医院，而是让其在家中度过最后的时间，并且在有必要时给予临终关怀。2000—2015 年，美国医疗照顾计划的覆盖对象中在医院去世的人所占的比例从 33% 下降到 20%，而在家去世或在社区去世的人所占的比例从 30% 增加到 40%。[34]

提前了解临终者的意愿，能为他们及其家人的幸福感带来很大提升。预先指示或生前遗嘱能提供这种明确性，减轻家人的抉择压力，并将法律纠纷和死者亲友的心理创伤最小化。预先指示和生前遗嘱还往往会带来更低的住院率、更好的心理状态以及对关怀质量的更高满意度。尽管好处很多，但只有一小部分成年人立下了预先指示或生前遗嘱。[35] 在许多国家，谈论死亡是一种禁忌，但采取一些"助推"手段，比如强制要求个人在住院时立下预先指示，或能起到帮助作用。不管我们以何种方式实现这一点，适合老龄化社会的新社会契约有必要纳入关于临终关怀的明确内容。

养老费用支付问题

　　针对养老费用的预测值通常呈指数增长，这引起民众的高度恐慌。按照目前的趋势，预计到2100年，发达国家的医疗支出和养老金支出将消耗GDP的25%，发展中国家的这一比例将达到16%。[36] 将1/4的国民收入用于老龄化，会导致国家的债务和税收水平不可持续，这是我们在养老问题上需要新社会契约的原因。现在做出明智的决策，就将有可能使上一代人得到人性化且可持续的支持。正如我们已经看到的，这将对那些已经有大量被赋予既有权利的老年人口的发达国家最具挑战性。对于仍在建立养老金制度和养老体系的中低收入国家，主要的启示是，要在养老成本过高之前，从一开始就把自动性和可持续性嵌入养老金制度和养老体系中。

　　为老年人提供经济保障要求做到多管齐下：延长工作年数并将退休年龄与预期寿命挂钩，提供国家财政支持的最低养老金安全网，强制要求所有劳动者（传统就业者和灵活就业者）加入以雇佣关系为基础的养老金体系，以及更好地分摊风险。用消费税（如增值税）为最低国家养老金提供资金能够更公平地分摊成本。另外一种做法——对不断减少的适龄劳动力征收额外的所得税——将不利于新岗位的创造。

　　人口老龄化还与更低的利率有关系，因为在经济中的投资需求疲软时，更大比例的人口会尝试为退休储蓄。在发达经济体，特别是日本和欧洲，老龄化可能已经使利率降低了0.75%~1.5%，这种影响可能会持续下去，除非政策的调整能提供更大的投资激励。[37]一方面，低利率会减少固定缴款计划的收益，并威胁到固定收益计划的偿付能力。另一方面，利率降低也会使公共债务成本降低，从而使政府更容易为公共支出提供财政支持，例如扩大公共投资。家庭将一如既往地在赡养老人中扮演重要角色，但社会需要在支付能力上为家庭提供支持。当日本推出长期护理保险计划时，它的口号是"从家庭护理到社会护理"。[38]政府在养老方面的支出不尽相同——正在快速老龄化的日本，这一支出占GDP的2%，意大利的这一占比为0.5%，澳大利亚的这一占比更低。意大利和澳大利亚的养老服务是由家庭以非正规方式提供或由个人支付的。[39]养老费用应当如何支付？养老成本很难预测（正如我94岁的祖父发现的那样），因此最好的情况是通过保险集中抵御风险，不管是经由国家还是通过私人市场参保。[40]

实践中有三种模式。第一种是北欧国家的全民税收支付体系，其覆盖不同收入群体的全部养老费用。第二种是其他国家的专项社会保险计划，其覆盖全部（荷兰或日本）或部分（韩国和德国）养老费用。例如，日本大多数人只支付10%的居家养老费用，最多不超过一个月的费用，而高收入群体需要支付20%。第三种是通过国家发放现金福利满足养老需求，正如意大利的做法。英国和美国所采用的是这种模式的变体，将现金福利精准用于帮助特困人口，而最富有的人则被期望自行支付养老费用。发展中国家几乎没有集中抵御风险的措施，养老费用通过非正规方式提供，也就是说由家庭成员无偿提供。

在养老金方面，确保长期护理服务的资金来源可持续的关键，是扩大缴费基数。例如，在日本和德国，每个人都有义务缴纳公共支付的护理保险——不管是在职人员还是退休人员。护理保险的私有市场运作得不是特别好，因为那些知道自己可能需要护理服务的人更有可能购买保险，这让保险公司无利可图，而且大多数人对于长期护理费用缺乏远见。德国是第一个强制推行私人护理保险的国家；日本紧随其后，规定 40 岁以上的所有人必须购买护理保险；新加坡则将护理保险变成默认选项，但允许人们随时退出。更多正在经历老龄化的国家应当开始考虑实施强制性护理保险政策了。

老年阶段在我们整个人生中的占比将变得更大。本章所构想的新社会契约将能确保那些条件允许的人工作更长时间，以此换来老年时的更大保障，还能建立起一个老年护理体系，使老年人能够尽可能在家独立生活。对那些无法独立生活的老年人的照顾责任将从主要由家庭中的女性承担，变为由社会中的所有人共同承担。老年时的贫困风险和有保障缺失的风险将通过年青一代赡养老一代人的共同承诺抵御。毕竟，他们将我们养育成人，并建立起保障我们当下生产力的基础设施和规章制度——这是我们在关注代际社会契约时必须牢记的很重要的一点。

第 7 章

代际问题

　　思考一下：你是更愿意在当今时代获得一份平均收入，还是拿这笔能让你过上富足的地主生活的收入回到中世纪？面对这个问题，大多数人选择的是前者。这是为什么？因为即使对于只能获得平均收入的人，现代生活的福利和舒适——从医药和社会自由到室内卫生设备和手机，比土地和农奴可能带来的任何好处都强。这反映出我们代代相传的社会契约的成功之处：简而言之，大多数人都比他们的先祖辈要生活富足得多。事实上，我们出生于什么时间（以及什么地方），可能是我们所能享受到的生活水平和所能拥有的机会的最大决定因素。

　　尽管社会契约长期以来取得了成功，但如今许多国家的年轻人对他们所继承的世界感到愤怒，对发展的必然性表示怀疑。这种愤怒体现为两个维度。[1] 第一，许多国家的年青一代憎恨婴儿潮一代（二战后与 20 世纪 60 年代初之间出生的人）所做的决策，因为这些决策给他们留下的是负担不起的教育和房价，以及不稳定的收入前景。换句话说，他们对当前几代人之间的资源和机会分配感到不满。第二，年青一代还担心 20 世纪以来所做出的改变地球未来的决策所带来的影响。这其实是关于生活在当代的人与生活在未来的人（包括尚未出生的人）之间的资源和机会分配。这两方面的矛盾都可以通过社会契约调和。

家庭内部的代际社会契约很容易理解。父母想帮助子女获得过上美好生活的能力和手段；子女希望父母能安享晚年。如果父母有能力的话，那么他们可能会留下一笔某种形式的遗产，给予其子孙后代更大的选择空间；与此同时，子女也往往会在父母晚年时给予照顾和赡养。毫无疑问的是，没有父母希望给子女留下大笔债务。父债子还的做法，曾经存在于古代的美索不达米亚和封建时期的英国这样的地方，但如今已被世界各地摒弃。[2]

在社会层面，代际社会契约更加复杂。我们留给子孙后代的遗产涵盖多个方面：人类的知识和文化宝库、发明创造、基础设施、规章制度以及自然世界的状态。当代人和其后代应当对祖辈的付出深表感谢，因为多亏了他们投资教育、研发技术、开办创造财富的企业，有时还浴血奋战以争取国家独立和人民自由。我们对见不到的后代也有所亏欠，每一代都应当留给下一代最起码与现在相当、最好比现在更好的生活，大多数人可能都会赞同这一点。

本章将从生活水平、债务以及环境遗留问题等方面审视社会契约是如何发展的，以及如果我们想要填平当前的代际裂痕，共同履行我们对子孙后代的义务，那么社会契约将需要做何调整。

生活水平：代与代以及国与国之间的差异

在巴西、中国、印度和南非等新兴市场，大多数人认为下一代人会过得更好（见图 13）。与之形成鲜明对比的是，在法国、德国、意大利、韩国和英国等较富有的国家，大多数人认为下一代人将过得更差。

在经济增长速度较快的发展中国家，还有许多技术赶超有待实现，人口仍较年轻化，国家仍能享受人口红利——大部分人口为劳动年龄人口时所能带来的经济增长。基于这些，人们有充足的理由期望年青一代的实际生活好于父母。然而，发达国家的年轻人面临着截然不同的未来。婴儿潮一代得益于数十年的持续经济增长、福利优厚的稳定工作，以及得到极大改善的卫生和社会条件。X 世代（1966—1980 年出生的人）和千禧一代（1981—2000 年出生的人）却身处这样一个世界：工作更灵活、更不稳定（正如第 5 章所述），房价不断攀升，在 2008 年金融危机导致社会开支削减后，许多国家面临长期财政紧缩。有许多人在 20 几岁时就背上大笔学生贷款和信用卡债务，从而没有足够的能力获得房屋抵押贷款或组建家庭。与此同时，Z 世代（2000年以后出生的人）是抗议气候变化的青年先锋。过去几代享受到的收入增长和老年保障已经陷入停滞，并且在有些国家出现倒退。贫困风险正从老年人转向年轻人。[3]

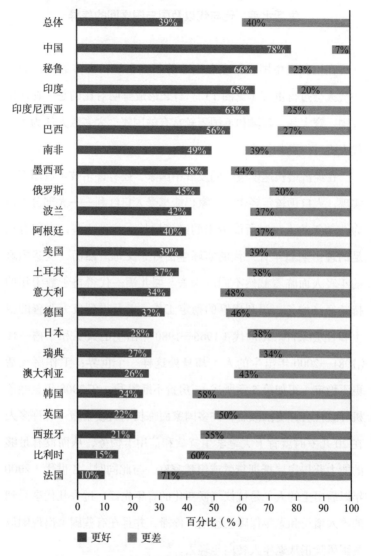

图 13 年轻人的生活会比他们的父辈更好还是更差

注：基于各国对以下问题的回答，你感觉到当下年轻人的生活和他们父辈的生活之间有多大差距？更好，更差，或者是差不多？

新社会契约

在许多发达经济体中，对年轻人未来前景的悲观情绪不仅源于广泛的经济趋势，还源于日常生活经验。几乎在所有发达经济体中，千禧一代和 X 世代的实际收入都比祖辈同龄时期的实际收入少或者与之持平，并且比父母更早地背负更多的债务。[4] 这种前景恶化在英国以及如希腊、意大利和西班牙等遭到欧元危机强烈冲击的国家尤其剧烈。北欧国家则是例外，它们得以为下一代提供更高的实际收入和更好的生活条件。

国家债务：留给下一代的"遗产"

尽管父母不能再将债务留给子女，但社会给年轻的后代留下了必须通过未来税收偿还的政府债务。[5] 如果这笔债务用于投资新的生产力（受过更好教育的人口、新兴的技术、完善的基础设施），那么这些投资带来的更高收入应该能使其容易偿还；但如果这笔债务用于为不可持续的消费或华而不实的低收益项目提供资金，那么就会加重后代的负担。

2008 年金融危机后，许多发达经济体为缓冲当时发生的大规模经济衰退而债台高筑。公共债务与 GDP 之比达到 50%~90%，其中日本和意大利的情况较为极端，公共债务与 GDP 之比远远超出 100%。同时，在发展中世界，许多国家利用超低利率的优势从国际金融市场贷款。急于在低利率世界获得更高收益的投资者兴高采烈地借款给许多非洲、亚洲和拉丁美洲经济体，这些国家因此发现自己能更容易地以前所未有的优惠条件获得贷款。

不过，随着新冠肺炎疫情暴发，许多国家已经开始思考后代将不得不偿还这笔巨额债务。目前的情况是，发达国家和发展中国家的债务水平都已经达到人类历史上前所未有的高水平，甚至比二战刚结束时还高。发达经济体为消除疫情影响而大举借债。由于当前利率很低，目前来看，偿还这笔债务具有可负担性。发展中国家没能像发达国家贷款那么多，一些低收入国家还得益于延期偿还债务，但当前的局势正令人警醒。日本、意大利、希腊、委内瑞拉和黎巴嫩等国家的政府债务规模已达其经济规模的两倍。这些国家的年轻人需要将其未来收入的很大一部分用来偿还政府欠下的债务。

显而易见的问题是，后代如何偿还这笔债务。在此前的高负债时期，国家通过三种措施进行偿还：刺激经济增长；以增加税收或削减公共支出的方式实施财政紧缩；人为地使利率保持在较低水平并允许较高水平的通胀——经济学家称之为"金融抑制"。金融抑制措施为减轻债务人和政府的负担而对储蓄者和私营部门做出惩罚，迫使每个人承受更高水平的通货膨胀。

显然，刺激经济增长具有吸引力，但很难落实。我在国际货币基金组织工作时，我们花了大量时间评估国家是否有能力偿还债务。结果发现，很小的经济增速变化（0.5%）就能对债务的可持续性产生巨大影响，这主要是因为复利的强大力量。本书列举的许多政策，如加大对教育的投资、促使女性加入劳动力市场、延长工作年数，都将有助于未来经济增长、提高生产力，从而让后代更有可能负担得起这些债务。

其他措施——实施财政紧缩政策和用通胀抵销债务，则缺乏吸引力。新冠肺炎疫情暴发后，大多数政府将面临支出增加的压力，尤其在健康和解决疫情暴露出来的不平等问题上将支出更多。金融抑制政策更难在金融市场全球化的世界中实施。但有一线希望的是，利率有望保持在较低水平，让这些债务的偿还更具可负担性。因此，或许目前来看我们将能承担得起这些更高的债务水平，但前提是我们同时要做到明智地投资并促使子孙后代经济繁荣，这是他们将来有能力为我们支付账单的唯一渠道。

环境"遗产"

提到留给下一代的遗产，经济学家想到的往往是决定一国生产能力或者财富水平的不同"资本"。这些"资本"涵盖三个层面：人力资本（受过教育的人口、人们建立的规章制度和社会结构）；生产资本（技术、机器、基础设施）；自然资本（土地、气候、生物多样性）。人力资本和生产资本的变化通常具有可逆性（人们可以改变想法，在一段时间内加大或减少投资），而自然资本的改变是不可逆的。一旦一个物种消失或者一处冰川融化，就可能无法挽回，所以利用自然资本时，我们应当谨记这种灭绝性危险，包括对高度互相依赖的生态系统造成的种种后果。

就气候而言，我们知道我们留给下一代的是一个更热的地球。据科学家估计，人类活动已经导致地球气温比工业化开始前升高了大约 1℃。[6] 这种情况将持续数百年。这对我们地球的未来带来的影响是高度不确定的，更高气温的潜在叠加影响更加不确定。我们可以明确的是，这些影响往往会通过全球水量变化的形式被感受到，比如暴雨、洪水、干旱、沙漠化、海洋酸化以及海平面上升。所有这些都对自然和人类福祉具有重大影响。

我们还知道我们留给后代的生物多样性已减少，并且其减少速度比人类历史上任何时期都要快。物种灭绝速度比过去几百万年间的平均灭绝速度高出 100~1 000 倍。总体上，哺乳动物、鸟类、鱼类、爬行动物和两栖动物在过去 40 年减少了 60%。约有100 万种动植物正面临灭绝威胁。[7]

单纯从经济层面分析，我们对代际的资本或财富遗产处理得怎么样？回答此问题的一个方法是，衡量我们将留给子孙后代多少资本，以及这些资本随时间推移而演变的情况。图 14 展示了针对 1992—2014 年 140 个国家相关情况的衡量结果。[8] 图中显示，未来每个人将继承的生产资本将增加一倍，人力资本增加 13%以上，但继承的自然资本将减少 40%。这种继承模式会让后代生活得更好吗？

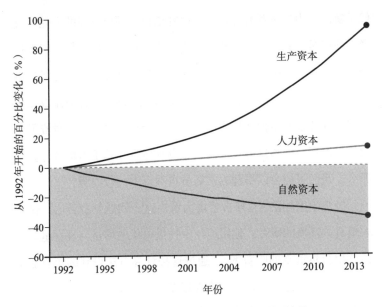

图 14　全球性遗产中的生产、人力和自然资本

　　从全球范围内年轻人的行动来看，他们似乎并不相信自己会生活得更好。"你们会死于自然衰老，我们会死于气候变化"，一名学生抗议者在 2019 年 9 月 20 日的伦敦气候抗议活动中举着这样的标语牌。在全球 150 多个国家，2 500 名抗议者坚决要求对环境采取行动。其中年轻人占绝大多数，他们逃课参加抗议活动，有些人每周都参加抗议活动，这就是瑞典环保少女格雷塔·通贝里发起的"星期五为未来"运动的其中一部分。许多年轻人认为前几代人正在偷他们的未来，这可能就是最直观的表达形式，但这种批判是公正的吗？

　　单纯的经济分析会这样提出问题：我们是否已经给予子孙后

代足够的人力资本和有形资本，以补偿自然环境方面的损耗？或者，我们是否对人力资本和物质资本投资过度，而对自然资本投资不足？对经济学家而言，问题在于大量的环境价值没能通过市场价格体现。在许多地方，人们污染河流、砍伐森林或排放二氧化碳，却几乎不承担任何成本，于是就会让对自然资本投资不足的趋势出现，因为这种投资的收益没有体现在基于市场的计算中。那么，我们可能会以哪种方式衡量自然资本的收益呢？

经济学家帕萨·达斯古普塔为解决这个问题煞费苦心，做了大量有关环境的研究。他用地球生物量每年的增量与现存量之比估算出自然资本的收益率。[9] 通过这种计算方法得到的年收益率约为 19%，远远高于房产和企业股票等生产资本 5% 的年收益率。根据这些计算结果，全球一直存在对生产资本投资过度、对自然资本投资不足的问题，而自然资本能带来远高于生产资本的收益，前提是环境对社会的真正价值能够得到恰当衡量。帕萨·达斯古普塔还认为，对环境进行投资能降低包括其他投资在内的收益的多变性和不确定性。举例来说，有更多种类的熊蜂能分散授粉风险，可以为我们的生态系统提供某种保险。

对代际社会契约进行整体评估，必定会得出这样的结论：我们在给子孙后代留下了大量知识、规章制度、技术以及基础设施等人力资本和物质财富的同时，也给他们留下了资源被过度消耗、气候和生物多样性都遭到严重破坏的自然环境。在发达经济体，我们看到的种种迹象表明，生活水平的改善速度在放缓，后代可能看不到前几代人所经历的增长。所有国家都在为应对新冠病毒大流行和人口老龄化而积累债务，这些债务都将由后代承担。代与代之间更可持续的社会契约会是什么样的？

定义代际可持续性

当代人与后代之间的可持续性社会契约有多种定义。1987年，由联合国设立的旨在促进全球可持续发展的布伦特兰委员会将其定义为"既能满足当代人需求，又不损害后代满足自身需求的能力的发展"。[10] 4年后，经济学家罗伯特·索洛写道："可持续性是对通过剥削后代来满足自己的这种行为的禁止。"[11] 由于事关在当代人与后代之间共享福祉，可持续性涉及在当前消费与对后代的投资和供给之间做出权衡。问题是，没有人在当今的市场或政治体制中代表后代发声，后代也无法参加谈判以保障自身在社会契约中的利益。

那么，社会契约如何将尚未出生的人口考虑在内？道德哲学家往往认为，我们应该像重视当代人的福祉一样重视后代的福祉，否则我们就是在对不同时期出生的人口进行区别对待。经济学家一般持有不同的观点：在权衡一连串行为的成本和效益时，他们更愿意向当代人倾斜。用经济学语言说，他们把后代的收入按照当代人的收入进行贴现（使价值减少），以致未来的某项效益价值小于当代的某项效益价值。[12]

提倡社会贴现率的人认为，后代将比我们富有并能获得许多我们甚至想象不到的技术，过去几千年的人类历史中确实发生了这种情况。他们还认为，当代还有许多穷人，我们不应当要求他们为那些甚至还没出生的人的假想福祉做出牺牲。反对者则认为贴现过度限制了后代的选择（甚至有可能是生存），我们造成的损失可能是不可替代且不可逆转的，有太多目前没被纳入决策考虑的风险和不确定性将来必须被纳入其中。

是否应当将后代的收入贴现，这可能看似是一个深奥枯燥的经济学辩题，但它是决定采取行动应对气候变化紧迫性的核心问题。[13] 下面我将以棉花糖、果酱和游泳池为例说明有关贴现的辩论。

斯坦福大学在 1972 年开展了一项著名的实验，一群 3~5 岁的儿童被分别单独留在放着一颗棉花糖的房间内，被告知如果能等 15 分钟并忍住不吃棉花糖，就能再得到一颗。[14] 这些儿童坐立不安地捂着眼，努力让自己转移注意力以抵制住诱惑。调查发现，那些做到延时满足自己对棉花糖的渴望的儿童，在之后人生中的测试分数更高。我们可以说，这些儿童更重视未来消费而不是即时满足，其对未来利益的贴现率比立即吃掉棉花糖的儿童低。这个例子给我们的启示是，那些能够自我约束的人最终能让自己生活得更好，特别是当他们进行能够产生较高收益的投资时——就像仅用 15 分钟就让棉花糖数量翻番，或者投资能让后代过得更好的教育或基础设施。

现在我们来看果酱的例子。在刘易斯·卡罗尔于 1871 年出版的《爱丽丝镜中奇遇记》中，白棋王后向爱丽丝保证"隔天就有果酱"，但这是个空洞的承诺，因为"规则是，明天有果酱，昨天有果酱——但今天绝不会有果酱"[15]。20世纪伟大的经济学家约翰·梅纳德·凯恩斯用这则故事说明沉迷于未来的危险："'目的性强的'人总是试图把自己的关注点推至最远，以确保自己的行动具有虚幻的永恒性。这种人不喜欢他的猫，但喜欢猫生下的小猫；事实上，他也不喜欢这些小猫，只喜欢这些小猫生下的小小猫，这样无穷无尽地递推下去；他们所追求的不过是抽象的"猫"的概念。对这类人而言，今天的果酱不是果酱，只有明天的才是。"[16]

这个例子给我们的启示是，要求人们，尤其是要求有迫切需求的穷人牺牲当下利益，会从根本上背离我们的经济目标——确保每个人都能过上有尊严的生活。凯恩斯认为，过度的储蓄会导致发展停滞，他还认为刺激当下的消费有时是避免经济灾难的最好方法。

最后我们来看游泳池的例子。在我1992年撰写世界银行关于环境的第一篇主要报告时，我们对游泳池能否成为湖泊的替代品进行了一场辩论。可以确定的是，游泳池能够发挥湖泊所具有的部分功能——游泳和娱乐场所，但不具备其他功能，比如野生生物的生态系统、淡水蓄水库。换句话说，有些物质很容易被替代，打个比方，如果我们耗尽全世界的铜矿，那么还有其他具有高度类似性能的材料可供我们使用。但有些物质无法被轻易替代，或者我们想保存它们可能是出于其内在的价值，在这种情况下，我们应当使用不同的计算方法。这个例子给我们的启示是，我们的目标不应该是把我们继承的遗产原封不动地留给下一代，而应该是留给他们同等的机会。

我们能从棉花糖、果酱和游泳池这三个例子中得出什么结论呢？历史告诉我们，以后代可能会更加富有为基础进行贴现是合乎情理的，尽管认为他们的福祉价值低于我们（经济学家称之为"纯时间贴现"）的观点并不合理；公平的社会契约不应当根据我们生活在什么时期而区别对待。尽管如此，为在绿色技术等领域进行高收益的投资而自我约束具有意义，因为这能为明天"棉花糖"的增加扩大空间。与此同时，如果有人今天不吃果酱就会挨饿，那么有些果酱就应当在今天吃。此外，尽管我们应当追求同一时期内以及不同时期之间人们福祉机会的平等，但如果我们认为商品和服务能被其他商品和服务替代，那么这些机会的性质可能会有所不同。简而言之，我们应该在今天吃掉一些果酱，把棉花糖存到明天，并且承认游泳池的功能存在局限性。

当然，首要且无法避免的问题是，我们不知道后代可能希望得到哪些机会，或者他们可能获得哪些技术，所以现在为他们做决策充满不确定性。在这种情况下，所做的决策能留出选择的空间，并且能在未来各种情况下保持稳健，这通常是最好的做法。同时，在为久远的未来做决策时，我们最好使其经历各种伦理和实践假设的检验。[17] 例如，我们可以在有关未来技术发展的不同情景中，或在发生灾难性事件风险的背景下对决策进行检验。在我们没有掌握所需的全部信息，缺乏对未来偏好及潜在结果的充分了解时，以及希望避免不可逆转的损失时，这种未雨绸缪的做法很有意义。

　　我们选择在哪些方面划清界限，在某种程度上取决于目前的情况。举个例子，考虑这样一个问题：鉴于当下仍有如此之多的人口生活在贫困之中，要求当代人为未来做出牺牲公平吗？许多发展中国家的观点是，过去发达经济体的财富积累是建立在环境破坏的基础上的，因此富有的国家应当承担解决环境问题的责任。虽然当下仍生活在贫困中的群体的需求很紧迫，急需得到解决，但这也不是回避应对气候危机的借口。鉴于不同国家的财富水平和所造成的环境破坏程度不同，以上问题的答案隐含在寻找共同担责的公平之道中。[18]公平地分担责任是进行气候变化谈判的核心，许多更有效的措施涉及将资源从富国转移给穷国，从而以更低的成本减少排放量。[19]

弥补环境损失

　　想象一下你的曾祖父母从过去穿越到现在与你见面。在绝大多数情况下，他们肯定会对自己留给我们的遗产持积极看法。我们拥有比他们想象中还要多得多的物质财富，我们当中活在饥饿与贫困危机中的人比以前少得多，我们获得信息与接受教育的途径比以往任何时候都要多许多，我们大多数人都享有令他们羡慕的政治自由和社会自由。他们可能会对在战争中丧失的生命、遭到破坏的森林和物种，以及有关气候的危机感到惋惜，但总体来说，他们会认为他们留给我们的世界比他们所继承的世界更美好。

如果我们穿越到未来去见我们的子孙后代呢？在教育和有形资本方面，我们一直在投资，而且收益非常大，特别是在发展中国家。但是我们很可能对自然资本投资不够，并且全世界范围内的自然资源都过度消耗，尤其是在发达经济体。有些自然资本的消耗可以通过改善后代人生活的技术和技能得到补偿，但有些自然资本的损失是需要扭转的，尤其是可能达到临界点以及不可逆转的自然资本消耗，这样才能保障后代的福祉。如今许多年轻人显然赞同这个观点，并且拥护环保活动。

解决我们所造成的环境破坏问题的计划非常明确。第一步，正如《希波克拉底誓言》所说，不做恶劣行为——或者说在现在这种情况下，不做更多的恶劣行为。目前，世界各地的政府积极鼓励开发环境以发展农业、渔业，利用水资源和化石燃料，为此提供的补贴每年多达 4 万亿~6 万亿美元。[20] 这些补贴意味着，消耗自然资本不仅是免费的，而且纳税人实际上还付钱让人们这么做！第二步，我们必须针对生物圈的保护与修复加大投资，比如以植树的方式。[21] 目前用于生物圈保护的公共支出和私人支出共计 910 亿美元左右，不及用于破坏环境的补贴的 0.02%。[22] 即使将用于生物圈保护的支出增至原来的 50 倍，我们仍可从取消破坏环境的补贴中省下 99% 的资金，以实现其他用途。

第三步是使用正确的衡量方法：在市场价格无法体现环境服务的真正价值的地方，我们必须找到其他方法将其纳入计算和决策。现在的完善的方法可用于衡量环境影响并较准确地将其核算到国民账户中。[23] 如果我们不能为这些做出恰当的衡量和定价，那么市场将自动鼓励对自然资本的过度消耗。企业将倾向于通过开发技术节省必须付出成本的资源（比如劳动力），并过度剥削无须付费的资源，从而造成空气污染、交通拥堵以及生物栖息地多样性减少。类似地，如果我们只将 GDP 作为衡量发展的唯一指标，而不顾人类幸福感、人口素质等其他指标，那么我们可能也会走向歧途。

采取正确的衡量方法意味着将自然界提供的所有服务计算在内。以鲸的贡献为例。鲸是大型动物，在海洋生态系统中明显扮演着重要角色，而且还能吸收大量碳元素。如果我们将这一点计算在内，那么据国际货币基金组织估计，每头活鲸能提供价值200 万美元的吸碳服务（每头非洲森林象能提供价值 176 万美元的吸碳服务）。[24] 恢复全球的鲸数量能带来的减碳水平相当于种植 20 亿棵树。大自然拥有世界上最好的吸碳技术，如果我们把这一服务纳入计算范围，我们就能更好地投资。

威尔士已经采用了一种有趣的方法将这类价值计算在内：任命世界上首位"未来世代部长"。[25] 其职责是监督交通、能源和教育等领域的政策，以确保它们将后代的利益考虑在内。例如，纽波特周边的一条拟建道路因对生物多样性的潜在影响以及会造成公共债务而遭到质疑。虽然未来世代部长无法驳回决策，但可以代表后代行动并确保问题得到解决。

第四步是利用财政政策——政府征税和支出的权力——调整影响公共行为的诱因，从而真正避免环境破坏。例如，征收碳税是一个显而易见的减少温室气体的办法，碳税还可以替换其他税收，使整体税负不会增大。政府有必要对受到碳税负面影响的低收入群体进行补偿（正是对这一点的忽视让法国总统马克龙陷入"黄背心运动"的麻烦之中）。第 8 章将对碳税的潜在作用进行更详细的说明。

财政政策还可以包括对绿色技术进行补贴。此类补贴已经推动了许多可再生技术的开发，比如太阳能和风能，这些技术现在已成功用于商业领域，并且正在促进向绿色能源的过渡更加快速、更具可负担性。这些投资的收益也将被后代感受到，为他们保存自然资本提供更多的选择，但眼前我们也还有机会做出实际的改变。在未来 20 年里，已有 100 多万亿美元确定用于基础设施投资，且这些投资主要集中在发展中国家。用伦敦政经的经济学家尼克·斯特恩的话说："将来对交通、能源、水资源、建筑及土地的投资方式，将决定我们能否将全球气温升幅控制在 2℃ 以下，或者说将决定我们是否注定要面临寸步难行甚至令人无法呼吸的城市，以及即将崩溃的生态系统。"[26]

通往新的代际社会契约

新冠肺炎疫情让不少代际冲突凸显出来。在健康方面，老年人最先承担风险；年轻人不得不在经济和社会方面做出牺牲以保护老年人。年轻人还将必须偿还为抗击疫情欠下的巨额债务，而在大多数发达经济体，年轻人的收入前景本就比父母差。在18~25岁这一最易受影响的年龄阶段经历这样一场疫情，对政治制度的信心以及对政治领袖的信任势必会遭受巨大而持久的消极影响，特别是在公民期待政府有所作为和担起责任的民主国家。[27]

我们怎样才能实现代际社会契约的重新平衡？我们必须竭尽全力补偿环境破坏，必须想方设法减轻后代的财政压力。为实现这一点，当今的年长一代可能有必要延长工作年数，并且明确地将退休年龄与预期寿命挂钩，正如第6章所论述的那样。第4章中讨论的措施——利用包括技术在内的各种手段实现全民基本医疗保健服务和控制医疗成本的增加——也有助于减轻财政压力。

我们还需要对下一代人进行投资，以促进他们在漫长的职业生涯中保持生产力。理想的情况是，如第3章中所讨论的，每个年轻人都能在初始阶段获得一笔教育补助金，使其在职业生涯中学习新技能。第5章中讨论的积极的劳动力市场政策——帮助劳动者参加培训并适应未来的工作——也将有助于支持生产力。改善早期教育以及支持在职女性将意味着我们能够充分利用社会中的所有人才。由此带来的生产力增长将有助于支付人口老龄化带来的老年医疗需求，并让债务在未来更具可持续性。这些都是一代人对下一代人的明智投资，能为新的代际社会契约奠定基础。

正如我们所看到的，由于老年人往往比年轻人更有效地行使政治权力，社会契约的调整在政治层面就十分复杂。研究表明，老年人口的占比对公共支出模式具有重大影响。[28]简单来说，老年人越多意味着养老金支出越多，教育支出越少。年长的选民更反对旨在刺激经济需求、维持充分就业的政策，比如低利率和量化宽松，这些政策会降低储蓄利率，加大通胀风险。相比处于其他年龄段的公民，已经退休的老年人一般也较少关心失业问题。[29] 在德国或日本这样的老龄化社会，政治党派越来越被迫迎合老年人的偏好。有人可能会认为，老年人越富有，留给下一代的遗产就越多，但是被继承的财富分配得极不公平（这一问题将在下一章讨论），而且有些财富，比如环境，是不能被私人继承而必须为大众所共享的。

剑桥大学政治科学家大卫·朗西曼认为（多少有些开玩笑的意味），投票年龄应当下调到 6 岁（你没看错，是 6 岁），以此抗衡民主国家日益严重的年龄歧视问题。[30] 因为不这么做的话，年轻人的利益将永远无法在议会和选举中得到充分体现，而那些尚未出生的人的利益将永远不会被考虑到。在美国议员黛安·范斯坦与一群支持"绿色新政"的热血美国学生对峙的重大时刻，黛安·范斯坦反驳说，"但你们没有投票支持我"[31]。这句话的言外之意并不是他们本该投票支持她，他们明显不可能这么做。其言外之意是，她的职责是代表她的支持者的利益，其中并不包括这些学生。

尽管抵制学校并为气候行动示威无疑会是头条新闻，但选举仍是在民主国家实现变革的最有力机制。无论以哪种方式，我们都必须找到办法，让年青一代和子孙后代的声音与利益得到更多重视。否则，塑造未来的社会契约将完全由那些根本无法亲眼见证其实施的人设计，而能够见证其实施的人的意志却丝毫没有得到体现。

第 8 章

一份新的社会契约

　　每年的 7 月 4 日是美国的独立日，为的是庆祝《独立宣言》的发表。在这一天，美国人通常会以燃放烟花爆竹、举办夏日烧烤的方式来庆祝。但在 1962 年的 7 月 4 日，约翰·F. 肯尼迪总统在演讲中发起"互存宣言"的呼吁。他想要表明的是，因为人与人之间以及国与国之间的相互依存程度非常高，所以能通过合作实现互利互惠。肯尼迪特指的是新兴的欧洲经济共同体与美国之间的相互依存。[1] 但他的观点同样适用于各个国家内部的相互依存关系。[2]

　　5 年后，伟大的美国民权运动领袖马丁·路德·金在圣诞布道中表达了类似的观点："在现实意义上，所有的生命都是相互关联的。所有人都处于无法逃避的相互依存关系中，被束缚在同一张命运之网里。任何会直接影响一个人的事情都会间接影响到所有人。我无法成为我应该成为的样子，除非你成为你应该成为的样子。同样，你也无法成为你应该成为的样子，除非我成为我应该成为的样子。"[3]

新冠肺炎大流行从许多方面来看都是一个伟大的启示，让这些相互依存的关系格外凸显。新冠肺炎席卷全球，每个人都难逃其害，但身体脆弱的人最容易受到侵害。我们所有人都指望几百万素未谋面的人做出负责任的行为，指望远方社会的医疗系统有应对能力。在各个国家内部，人们恍然意识到哪些职业是不可或缺的——没有护士、卡车司机、超市员工、环卫工人，我们的生活将会停止运转。非常讽刺的是，从事这些不可或缺的基本工作的人，往往是薪资最低、最有可能从事保障极少且不稳定的工作的人。

本书已经论述，许多社会怨声载道的原因是，我们的社会契约已被技术变革和人口变化压垮。这带来的结果是，更多的风险——养育子女、失业后维持再就业能力、年老时照顾自己——都开始由个人承担。我们越来越生活在"只能靠自己"的社会中，这种状况转变成义愤填膺的政治氛围，心理健康问题的泛滥，以及年轻人、老年人对未来的担忧。[4] 在许多地区，由个人承担风险不只是存在不平等的问题，其效率和生产力也远低于由全社会共担风险时的情况。

我们所需要的社会契约，要能够为每个人提供更好的保障机制和机会架构，能够少一些"我"，而多一些"我们"，能够认识到我们的相互依存关系并利用它实现共同利益，能够将人们面临的风险集中起来并共同承担更多的风险，以减少所有人面临的担忧，同时要能够优化全社会的人才利用，促进个人做出尽可能多的贡献。这种社会契约还意味着，我们不仅要关心自己后代的福祉，而且要关心他人后代的福祉，因为他们将来会生活在同一个世界。

迄今提出的所有论点都基于三条广泛的原则。

第一，全民保障原则。每个人都应当获得满足基本生活需求的最低保障。这一最低保障的水平要根据国家的给付能力而定。

第二，能力投资最大化原则。社会应当尽可能地投资于为公民创造机会，使其具有生产力并尽可能长时间地为共同利益做出贡献。同样是为了共同利益，社会还应当采取激励措施减少我们不想看到的，比如碳排放和肥胖。

第三，高效且公平的风险共担原则。太多的风险正在被不应当承担的人承担，这些风险如果由个人、家庭、雇主和国家共同承担，就会被更好地抵御。

本章概述了基于以上三条原则的新社会契约可能是什么样的，论述了它可能具有的经济效益，并且表明其可能的资金来源和实现路径。

我们对彼此负有更多的义务

总结前几章的经验，新社会契约的实际要素是什么？我们先来看基础部分：人人都有权获得的过上体面生活的基本保障——最低收入、受教育的权利、基本的医疗保健服务包以及防止老年时生活贫困的保障。

保障人们最低收入的办法有很多——最低工资、增加低工资劳动者收入的税收抵免，以及针对极端贫困家庭的现金转移。最起码的教育保障需要涵盖早期支持和终身学习，后者通过一般性税收、雇主或优惠贷款获得资金。最起码的医疗保健应当涵盖世界卫生组织建议的基本医疗保障的所有项目；应当设定一个门槛，界定哪些健康干预由公共资金支持，这一门槛随人均收入的增长而提高。最起码的福利，比如病假和失业保险，应当面向所有劳动者，不管他们签订的是何种劳动合同。新社会契约还应当设定与预期寿命挂钩的最低国家养老金水平，其由公共资金支持，用来防止老年时陷入贫困。

要确保这种社会契约在经济上具有可行性，关键在于充分利用社会上的所有人才，从而提高生产力。更高的生产力能带来更高的收入、更高的税收以及更强的支付能力，以对教育及社会保险进行更慷慨的投资。随着受教育女性、少数群体以及因出生在贫困家庭而无法发挥潜能的儿童等群体的规模不断扩大，社会中有巨大的人才资源未得到利用。这并不是出于政治正确的平等言论。回顾第2章中的证据，美国在1960—2010年20%~40%的生产力增长可归功于打破了白人男性对好工作的垄断，以及更有效率地发挥了女性、黑人男性以及少数族群的才干。[5]类似地，如果当今"消失的爱因斯坦"（女性、少数群体以及低收入家庭的儿童）可以有条件像高收入家庭的白人男性那样发挥创造力，那么创新速度可以提升至原来的4倍。[6]这类机会促进政策能够减少重新分配收入的需要，给予人们更多实现美好生活愿景的能力和自由。

建立一个人尽其用的劳动力市场，首先要改善早期教育，因为在儿童达到学龄前进行干预是促进机会平等和社会流动的最有效且最经济的办法。但释放人才还要求出台提供儿童保育服务和老人护理服务的新政策，因为这些劳动目前消耗了大量的无偿女性劳动力。要使女性更具生产力，就必须在家庭和社区内部进行更公平的劳动分工。

世界各地的劳动力市场正在变得比以往更具灵活性，但未来的社会契约需要在灵活性与稳定性之间找到平衡。[7] 这一平衡可以通过与雇主共担更多风险（通过工资税）、出台法律法规（为灵活就业者提供最低工资和福利）、为灵活就业者建立集体议价机制，以及设立由一般性税收资助的公共保险和培训等途径实现。这样一来，雇主能够保留调整其劳动力规模的灵活性，因为知道员工有能力满足基本生活需求并能得到充分的支持以找到新工作。与此同时，雇员会对自己的收入更加确定，从而有能力规划自己的生活，包括提升技能、组建家庭或购买住房。

确保所有这些在经济上具有可持续性，要求每个人尽可能长时间地为社会做出贡献。这意味着要延迟退休。领取养老金的年龄应当与预期寿命挂钩，以保持工作年数与退休年数的平衡。这还意味着要在成年后学习新技能。更好地投资成人教育是灵活的劳动力市场的必要补充，因为在灵活的劳动力市场中，劳动者的工作生涯将有可能超过 50 年。提升技能所需的资金可以由税收、工会或企业集体承担，但最好与雇主通力合作以使其更加有效。开明的企业会越来越将环境可持续性、合理纳税和履行对员工及社区的承诺视为企业战略的核心。与此同时，投资者将越来越把此类承诺纳入企业股价的评估要素，金融市场会奖励那些能够有力抵御这些风险的企业。规章制定应当确保所有人都能达到最低标准，从而为所有雇主提供公平的竞争环境。

新的社会契约还要求个人对自己的健康承担更大的责任，尤其是利用技术改善自理能力。在实行医疗费用分摊的情况下，社会应当利用"助推"和税收鼓励个人更好地照顾自己的身体并明确临终偏好。例如，在新冠肺炎大流行期间，社会完全有理由要求个人佩戴口罩以减缓病毒传播速度。同理，要求接种疫苗、对香烟和有害健康的食品征税以及鼓励锻炼，都是共同抵御健康风险的社会中的合法干预手段。

如今的年轻人还呼吁重新协商代际社会契约。当代人需要解决环境损失与债务等遗留问题。鉴于有明确证据显示，我们已经严重透支了自然资本，我们必须把针对气候变化和生物多样性损失采取行动当成重中之重。鼓励对绿色技术进行投资是另一可行之策，可给予下一代人更多的机会拥有健康的环境，但这还不够。年青一代将继承人力资本和有形资本形式的财富，但他们必须赡养有史以来规模最大的老年一代。对年轻人的教育进行大力投资是关键之举，只有这样他们才能达到足够高的生产力水平，才能养得起我们。

我们接下来将讨论新社会契约的经济性，以及我们怎样才能负担得起。对所有国家而言，推行新的社会契约都将要求出台配套政策。这需要三项关键策略：提高生产力、重新思考财政政策，以及面向企业建立新社会契约。

提高生产力

上文列举的许多措施都旨在提高生产力，因为从经济角度看，更高的生产力是改善一切的必经之路：如果我们能把蛋糕做大，就有更多的蛋糕可以分享。对发展中国家来说，还有许多潜力没得到挖掘，其可通过应用更先进的技术和管理方法、投资教育和基础设施，以及鼓励通过竞争提高生产效率，追赶发达经济体的生产力。发展中国家还有机会利用前沿数字技术实现跨越式发展，正如许多国家跳过固定电话网络，直接一步迈向移动技术。

我还是学生时，曾在埃及的一个办公室找到一份暑期工作。如果我起草的信件需要副本，老板就会让秘书用打字机一遍又一遍地打出来，因为她的劳动成本比办公室里的复印机的运行成本低。这种看似不合理的决策在劳动力廉价的经济体中时常发生，这里的劳动者被困在生产力低下的岗位中。[8]

自 2008 年金融危机以来，经济复苏尤其是发达经济体的经济复苏所伴随的特征是，更多的人参加工作，但从事的都是生产力低下的工作。一个很好的例子是，人工洗车在许多国家重新出现——通常是大量移民男性被企业雇来从事人工洗车，而自动洗车机器早在几十年前就已经被发明出来。[9]由于工人很廉价，企业几乎没有动力投资更具生产力的工具——机械、计算机、移动技术以及优化的软件。事实上，自 2008 年以来，劳动者人均资本的增速为战后最低水平。[10]国家需要对技能进行投资，并创造一个鼓励对生产工具进行更高水平投资的环境。经济向低碳未来的转型，为促进这些更高水平的投资提供了重要契机。

数字革命也为提高劳动者的生产力提供了巨大契机。在 20 世纪 60—70 年代的早期计算机革命中，经济学家罗伯特·索洛说过一句著名的话："计算机所带来的影响随处可见，但唯独在生产力的统计数据中看不到。"如今我们看到一种类似的现象，即数字专利和发明创新大幅增长，但生产力始终停滞不动。第 3 章（"教育"）和第 5 章（"工作"）中描述的政策，为如何提高劳动生产力提供了部分答案；第 4 章描述了数字技术的应用可能提高医疗保障体系的效率的一些方法。但我们还必须解决造成如今生产力落后的另一个因素：经济领域数字创新的步伐缓慢且不平衡。[11]据一项估计，欧洲整体上只发挥出 12% 的数字创新潜力，美国只发挥出 18%。[12]有些部门，如信息通信、媒体、金融服务以及专业服务正在快速数字化，而教育、医疗保健和建筑等部门在数字化上进展不大。新冠肺炎疫情可能加速了某些落后部门的数字化，比如远程医疗和在线教育等领域都被迫加速发展。同样地，效率约为实体零售两倍的网络零售将在疫情中大幅扩张市场份额。在第 3 章和第 4 章中，我们看到了在教育和健康领域提供效率更高、质量更优的数字化服务的各种各样的机会，不过为保持平衡，我们还需要保持重要的人际关系，比如师生关系以及医患关系。

提高生产力的另一重要途径是促进竞争。许多国家越来越呈现经济学家所谓的产业集中的迹象——由一小部分企业主导某一专门市场，许多产业中的垄断势力不断增长。美国的最新数据显示，银行业、航空业、制药业、医疗保险行业以及技术平台的集中度已经上升到令人不安的程度。[13] 企业用于政治游说的支出增加使得这一点成为可能，这种情况造成劳动者相对于所有者的国民收入份额减少。恢复竞争并重新思考数字经济领域的竞争政策，是正在发生产业集中的国家提高生产力的重要策略。[14]

重新思考财政政策：我们如何为新社会契约提供资金？

在 2014—2017 年我担任英国央行副行长期间，我们保持低利率以鼓励借贷、支出和投资，由此保持经济运行接近产能。利率现在位于历史低位，因为全球储蓄率相对投资率而言仍然很高。全球储蓄率之所以很高，是因为人们有不安全感并且人口正在老龄化。这也是为什么在老龄化最快的日本和欧洲，利率最低。这样一来，就减少了对商品和服务的需求，从而使得经济增速减缓（回顾第 7 章中凯恩斯关于延迟消费果酱的警告）。

经济学家称之为长期停滞趋势，而完善的社会保险可以减缓这种趋势。例如，中国家庭将 30% 以上的收入储蓄起来，其部分原因是以前他们很少有或者根本没有失业保障、医疗保险或养老金。中国推行社会保险后，储蓄率应该会下降。

与高储蓄率相对应的就是低投资率，因为政府尚未创造出能让企业看到发展良机的环境。但这本书描述的新社会契约中有许多要素，比如教育和减少碳排放的基础设施，能够刺激需求和投资，尤其是在发展中国家，只要能降低风险，就存在有利可图的机会。经济停滞不是央行行长和货币政策能解决的问题，但新的社会契约可以解决。

新的社会契约是否需要大幅增加公共支出和税收？这一点视情况而定。增加由公共支持的儿童保育、早期教育和终身学习将需要更多的支出，实现全民医疗保健和最低国家养老金也将需要更多的支出。但其中有些支出是一种投资，将会在未来产生更高的税收收入（回顾第 3 章中所估计的，对教育的公共投资收益率在 10% 左右），或者会产生更高的净收益，前提是这些收益能得到正确衡量（比如第 7 章中讨论的环境投资）。因此，这些投资可以合理地通过借贷获得资金，特别是在发达经济体，其利率正位于历史最低点。但有些支出，比如在养老金和医疗保健服务方面的开支，是经常性的，将需要从税收中获取资金。这样是可行的吗？

对于大多数国家，答案是肯定的。大多数发达经济体的税收相当于 GDP 的 30%~40%。在这里，为新的社会契约提供资金，将需要综合运用前文讨论过的旨在提高生产力的举措（延长工作年数、优化人才利用），从而提高税收收入，再通过适当增税或资源再分配加以补充。但是，没有国家能将税收维持在 GDP 的 50% 以上，所以税率最高的国家，如法国或丹麦，将不太可能进一步增加税收收入，因此它们将不得不依赖经济增长和资源再分配为新的社会契约提供资金。

相比之下，大多数发展中国家的税收占比仅为发达经济体的一半左右（占 GDP 的 15%~20%），因此有更大的空间充实财政收入。[15] 问题在于，许多发展中经济体的官方税率与发达经济体的官方税率差不多，但在征税和依法纳税方面存在的难题意味着税收收入达不到预期。[16] 由于非正规部门的劳动者比例较高（所以不纳税的比例较高），发展中国家只能更多地依赖对贸易和消费征税。因此，发展中国家面临的挑战是让更多劳动者成为正规就业者，加强增加税收收入的政治能力和行政能力，只有这样才能满足公民对更好的公共服务的日益增长的期望。

对于发展中国家，一份更好的社会契约将花费多少成本？据世界银行估计，囊括产前护理、接种疫苗、学前服务以及幼儿识字和算术教育的一揽子核心计划将花费低收入国家 GDP 的 2.7%，花费中低收入国家 GDP 的 1.2%。[17] 囊括水、卫生设施和更优质小学的更全面的一揽子计划将花费低收入国家 GDP 的 11.5%，花费中低收入国家 GDP 的 2.3%。如果该计划再包含面向特困成年人的收入支持，那么这将花费低收入国家 GDP 的 9.6%，花费中低收入国家 GDP 的 5.1%，花费中高收入国家 GDP 的 3.5%。尽管这些是庞大的数目，但大多数发展中国家都有增加财政收入的空间——通过向不断增多的正规部门的劳动者更好地征税，通过更好地利用现有税收，比如附加税和烟酒税，通过减少能源补贴。

以向富人征税来救济穷人的"罗宾汉"式办法作为新社会契约的融资方式，很有吸引力。但大多数国家发现，在实践中，从根本上改变机会分配以实现机会平等的措施远比国家通过追溯性收入再分配的任何做法都更有力度。[18] 所谓的预分配政策，比如为人们创造接受良好教育的平等机会或者为贫困社区提供额外的投资，对受影响的个人更为有力，那么还能减少长期依赖国家支持的风险。如果我们能通过劳动力市场实现更加公平的结果（帮助穷人找到待遇更好、工资更高的工作），还能减少福利支付需求，并相应减少税收需求，再加以恰当的法律规定，我们就可以调整预期，确保雇主能提供更好的福利和培训，从而保障更平等的机会。只有在这些政策失灵的情况下，通过福利国家进行收入再分配才有必要。[19]

当必须进行再分配时，以公共支出的形式增加面向穷人的福利、服务和其他干预，比简单地对富人增税更有效。说到这一点，自 20 世纪 80 年代以来，一个引人注目的趋势是，世界上大多数国家或地区的税收制度都倾向于减少对富人征税。自 20 世纪 80 年代里根／撒切尔革命以来，发达国家或地区和发展中国家或地区的所得税最高边际税率急剧下降（见图 15）。随着各国竞相吸引外资，企业税率也有所降低。相反，为了承担养老金、医疗保健和失业保险不断上升的成本，对劳动收入征收的工资税有增加趋势。尤其引人注目的是，随着工资变得更加不平等，税收制度在纠正这一问题方面的作用变得更小。[20]

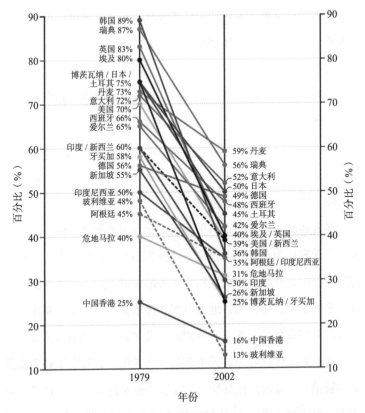

图 15　所得税最高边际税率（即适用于收入最高部分的最高税率）

注：最高税率在世界各地均有下降。

进行反向税率调整以使其更具累进性，不足以支付社会契约，但的确能带来帮助。不过，问题是要通过提高税率解决收入不平等问题，实际上十分困难，因为富人和他们的会计师总是擅长找到减税的法子，而且在某些情况下，他们还极富流动性，能够将自己或业务置于低税收辖区。

最近的财富税经验说明了这些挑战。有三种对财富进行征税的方式：你可以在财富转移到下一代时征收遗产税；可以对财富产生的收入（比如资本收益或股息）征税；或者可以通过房产税等措施对人们每年的财富存量征税。许多国家对遗产和财富产生的收入征税，只有为数不多的国家对财富本身的存量征税（目前只有哥伦比亚、挪威、西班牙和瑞士这么做）。面对政治压力和/或实施阻力，芬兰、法国、冰岛、卢森堡、荷兰和瑞典实际上已经废除了曾经征收过的财富税。[21]

尽管如此，因为财富不平等远比收入不平等更严重，所以许多经济学家认为对继承的财富（被视为不劳而获的财产）征税并将其再分配是在社会中实现机会平等的关键。此外，因为担心财富不平等加剧，还因为各地政府都在寻求新的财政收入来源，所以人们对财富税的兴趣又重新燃起。伦敦政经的教授安东尼·阿特金森最先主张征收累进式遗产税并将其用于为每个年轻人提供资本资助。[22] 最近，托马斯·皮凯蒂主张人们应当只对自己的财富拥有临时所有权，这笔财富应通过遗产税和房产税逐渐被征收，用于为每一个 25 岁以上的成年人提供资本资助。[23] 就法国而言，他提出每个年轻人都应获得约 12 万欧元的资助，以确保资本在全社会流动，并在人生早年最需要机会的时候拓宽机会。其他一些最新研究也聚焦财富税如何既能帮助解决不平等又能提高生产力。一项颇有前景的研究认为，财富税可以提高经济效率，因为它惩罚那些在低收益活动中持有资产的人，激励那些持有的资产能产生更高收益的人。[24] 这意味着，每年 2%~3% 的财富税能让政府提高效能，促进经济发展并减少不平等，实现一举多得。

增加财政收入的另一种方式是对经济学家所说的厌恶品（与商品相对）征税。所谓厌恶品，是指我们希望更少看到的东西，比如污染、吸烟、对酒精和有害健康的食品的过度消费。在第4章中，我们看到每年人们因不健康行为而损失数万亿美元，还看到利用税收政策改变这些行为能带来巨大的社会效益和经济效益。在第7章中，我们看到许多国家通过发放能源补贴、用水补贴或用地补贴支持人们破坏地球的行为，还看到取消这些补贴将会是我们朝着改善环境迈出的重要一步。

但是，如果我们想要将气候变化减慢至可接受的水平，那么需要做的不止于此，很少有比碳税更有效的措施。这是针对任何燃料来源中的碳含量征收的税。碳税覆盖面广，好处是能有效调整经济中的一切价格，进而反过来影响人们的消费和行为。对个人而言，乘坐公共交通工具会突然比开车便宜很多。购买产自附近的食品自然会比购买从世界上其他地方空运来的食品更划算。对企业而言，碳税能带来巨大的动力，激励企业投资绿色技术和采用减少碳排放的生产方式。这无须依赖自我约束，无须努力达到量化目标，无须交易排放许可，也不需要对每一个行为的碳足迹进行复杂的计算。市场会解决所有问题，以最低的成本减少经济活动中的碳排放，这就是为什么经济学家倾向于支持碳税政策。

对碳税持反对意见的人认为，它会增加税收负担，还会对穷人产生负面影响。法国就因民众反对上调燃油税而爆发"黄背心运动"，进而陷入停滞。令民众感到愤怒的不是应对气候变化的措施，而是由谁为转向低碳的未来付出成本。不过，制定一种既不增加税收负担又不损及穷人利益的碳税政策是有可能的。这一政策将如何发挥作用？首先，税率要在一开始定得低一点儿，而后循序渐进地上调，让人们可以适应。其次，这一税收收入将会以现金的形式或者减少其他税收的形式返还给公民。如果100%返还，这笔税收就能收支相抵，但仍会对经济中的用碳动机产生很大影响；如果不能100%返还，这笔税收就能为国家带来收入。不可避免地，有些国家将不得不做出表率，先于其他国家征收碳税。这有可能使其处于竞争劣势地位。对边境税进行调整——对没有碳税的国家的进口商品征收更高的税——将有助于营造平等的竞争环境，为其他国家提供征收碳税的动机。最终的目标是，要将碳税提高至可以减少灾难性气候变化风险的水平。

这种将碳税收入返还给公民的做法，在美国被称为收费和分红计划，在加拿大和法国被称为碳支票。[25] 由于富人往往消费更多的碳，我们还可能制订出一种能够实际惠及穷人的计划。例如，对美国的估计显示，每吨49美元的中等水平碳税能使最贫穷的10%的人生活得更好，能让除最高收入者以外的所有人净受益。法国的一项研究发现，在农村和城市间设定不同的碳支票，可以让每个处于中低收入水平的人都过得更好。[26] 对于因需要增加财政收入而选择不返还全部碳税收入的国家，它能为社会契约带来相当可观的资金来源。例如，一项估计显示，在美国，每吨115美元的碳税税率能使国民收入足足增长3%。[27]

最后，慈善事业、基于信仰的机构和慈善组织作为国家角色的重要补充，也为社会契约提供资金并助力社会契约重要方面的履行。慈善组织从古至今一直存在于世界各地，反映了一种富人应当扶贫济困、帮助病患并致力于改善公共生活的共识。近来，基金会和慈善组织的资产大规模增长，部分原因是其财富有所增长。全球基金会的总资产超过 1.5 万亿美元，其支出主要用于教育（35%）、社会福利（21%）和健康领域（20%）。[28] 在许多国家，部分社会契约是由志愿者和个人履行的，他们无偿奉献出自己的时间来造福社区。这种行为应当被鼓励和称赞，但我们应该将其视为更完善的社会契约的补充，而不是替代品。

面向企业建立新社会契约

前几章讨论的许多政策要求对企业角色和国家角色有不同的期望。自 20 世纪 80 年代以来，大部分政府政策的焦点是通过贸易自由化、私有化和放松劳动力市场管制实现效率最大化。企业由此得以削减成本、减少福利支出并将其供应链外包。总体而言，消费者从中受益，但有些劳动者眼见自己的工资停滞不涨，现在他们的生活还面临更大的不稳定性。理论上，那些在改革中利益受损的人——不管是个人还是社区——都应当从更加快速的经济增长中得到补偿，并最终从中受益。但在实践中，补偿极少实现，更不用说达到必要的程度了。

更重要的是，假设人们可以得到补偿，但谁又想成为输家呢？相反，面向企业建立新社会契约应当侧重于通过投资教育和技能、在贫困地区引进完善的基础设施以及促进创新和生产力等措施带来更多的赢家，所有这些措施都会减少对再分配和补偿的需求。虽然新社会契约的一部分要通过公共开支来实现，一部分要通过监管来实现，但还有一部分必须通过改变对私营部门的期望来实现。图 16 给出了社会契约如何架构以及如何融资的例子。[29]

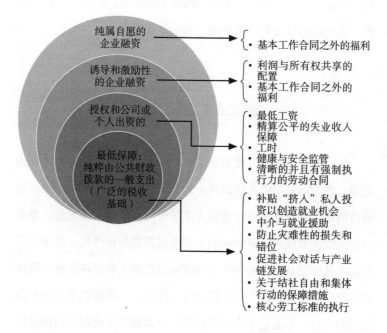

图 16　新协议下可能的劳资关系结构

在新契约中，处于中心位置的是为所有人提供的应对灾难性损失的最低保障，其由一般性税收支付。这些最低保障包括提供公共资金，以帮助劳动者应对因巨大经济动荡而产生的失业，并帮助其找到新工作。政府还应提供育儿假福利，并向灵活就业的父母提供支持，这能获得的好处是实现男性与女性在劳动力市场上的机会平等化。紧接着，最靠近中心的一圈是那些通过法律规定实现的措施：最低工资、工作时长的限制和最低保障、赋予劳动者发言权以及失业保险。再往外就是自愿性质的措施，比如增强型养老金、额外的培训和分红计划——这种办法尤其能有力地激励员工提高生产力，并使雇主和雇员的利益更好地保持一致。

工作模式更加灵活的趋势意味着税收负担也需要转移，以便在资本（投资者）和劳动（被雇用的人）之间创造更公平的竞争环境。[30] 2000—2015年，发达经济体的公司平均税率从32%降至25%，使所有者和投资者受益。[31] 与此同时，由雇主和雇员承担，用于支付失业保险、养老金、（有时还包括）医疗保险的劳动税有所增加。这种模式源于一种观念，即社会保险由雇主提供，并由雇主和雇员共同支付。但举个例子，在包括日本和拉丁美洲大部分地区在内的许多国家，由工资税产生的财政收入已经无法覆盖履行养老金义务的费用。

我们的税收制度有利于资本而不利于劳动，这可能还意味着企业对培训员工投资不足，对自动化投资过度；在德国和韩国等正在经历快速老龄化的国家尤其如此。这些国家正在加快速度采用自动化技术，以此应对这样一个现实，即规模减小的适龄劳动人口只有极具生产力才能赡养得起老年人。[32]一项关于美国的估计显示，当前的税收制度对劳动征税的税率为 25.5%~33.5%，而对资本征税的实际税率在 5% 左右——相比 21 世纪第二个 10 年的 10% 以及 20 世纪 90 年代和 21 世纪初的 20% 有所下降。[33]使面向劳动和资本的税率更加一致，将促使企业在雇用劳动力方面做出更好的决策。减少劳动相对于资本的税率，还将增加总体就业，提升劳动收入在总收入中的份额。

一个更完善的模式将以不同的方式对企业征税。这并不意味着需要增加企业的总体税收负担。相反，公司税率可能会提高，但通过用一般性税收支付主要的失业救济、最低养老金、某些培训费用和育儿假，工资税有可能会降低。例如，澳大利亚和新西兰已经选择依赖一般性税收而不是工资税来支付其养老金制度的核心项目，许多发展中国家，包括孟加拉国、莱索托、纳米比亚、索马里和苏丹，现在正在采取用一般性税收支付老年人基本社会养老金的模式。[34]

强制为所有类型的工作——全职、兼职和自由职业提供福利的规定，将无差别地为所有类型的岗位或劳动者提供稳定性保障，同时能减少人们为避免支付社会保险而转向非正规就业市场的动机。这种做法还可能会增强企业培训员工的动机，正如许多国家，想要促进创新研发时所做的那样。[35]像奥地利这样的国家为企业和个人的培训费提供慷慨的税收抵免。这类税收抵免还可以面向技能水平不高的劳动者或规模较小的企业，因为这些劳动者或企业更难负担得起培训。美国的康涅狄格州、佐治亚州、肯塔基州、密西西比州、罗得岛州和弗吉尼亚州正在尝试这种做法。

除了在企业和政府间优化负担分配方式，我们还需要对跨国公司的避税行为采取行动。跨国公司目前得以在低税收辖区申报利润，从而达到避税的目的。跨国公司每年的全球利润中有40%被转移至避税天堂。在英国，外国跨国公司的子公司中有50%以上申报无应税利润。[36] 在美国，财富500强公司中，包括亚马逊、雪佛龙和IBM（国际商业机器公司）在内的91家公司在2018年未实际支付联邦税。[37]

这种情况对国内企业和跨国企业经营所在国的公民很不公平，因为前者无法规避国内税费，而后者的税收遭到剥夺。当前的这种情况是20世纪的遗留产物，当时是根据法人实体的实际所在地评估公司应纳税额的。这种评估办法已无法适应供应链全球化的数字世界，因为公司可以通过处理账簿，合法地将自己安置在多个地方以减轻税负。据国际货币基金组织的估计，每年因此损失的公司税收为5 000亿~6 000亿美元。[38] 发展中国家的税基更小，相对而言受到的冲击尤其严重。有人曾估计，个人在避税天堂藏匿的金额从8.7万亿美元到36万亿美元不等，相当于每年损失约2 000亿美元的工资税收。[39]

由经合组织牵头，137个国家和地区经过谈判提出系列建议，有望以此为基础找到一个更加公平的方案。第一，政府将被赋予权利，根据企业在其领土内的销售额对其征税，不管法人实体位置所在何处。第二，针对所有跨国公司设定必须支付的最低水平税款，从而缩小国家通过降低公司税率吸引跨国公司的竞争空间。对欧洲而言，这将意味着从美国这一科技巨头的利润中获得更大的份额；对美国而言，这则意味着从在美国销售的欧洲产品中获得更多利润。[40]无论是哪种情况，这些公司的股东收入都将有可能变少。发展中国家有可能成为净受惠国，因为在发展中国家，能利用这些国际税收漏洞获利的跨国公司很少。据经合组织的估计，这两项改革将使全球公司税收提高4%，相当于每年增加1 000亿~2 400亿美元。[41]

企业领导人越来越认识到，仅关注短期的股东价值这种狭隘的立场导致了不平等、生产力停滞、创新不足以及环境破坏。[42]面向企业建立新社会契约，将使企业支付更高的公司税并为所有劳动者提供福利，同时社会将最大限度地在最低收入、育儿假、养老金和新技能培训方面分担更多的风险。这将让企业领导者有理由越来越接受这样一种观念，即他们需要更多地考虑企业目标及其对其他利益相关者的义务。[43]这也将有利于企业发展。企业将能够凭借高技能的员工、高质量的基础设施和完善的安全网降低运营成本，实现灵活创新。消费者和新一代劳动者已经开始优先选择那些有担当的雇主了。但是，面向企业建立新社会契约不是仅靠长篇大论和几个良好的企业公民就能实现的，它还需要我们对税收、监管和企业管理做出具体的改革。

新社会契约的政治性

社会契约具有深刻的政治性。其反映出一国的历史、价值观和社会背景。在过去，社会契约是宗教传统和文化规范的产物，这些宗教传统和文化规范规定了亲属义务和两性角色。后来，社会契约根据劳资关系以及雇主与工人的谈判而演变。如今，在大多数国家，社会契约根据政治体制的结构、问责机制的有效性、政治联盟的兴起以及危机带来的机遇进行演变。

有些政府更有能力建立更完善的社会契约。民主国家本身并不一定更有能力，但如果其行政机关能受到自由、公正且参与度高的选举和自由媒体的约束，就容易在延长公民寿命、改善经济效益方面做得更好。[44]领导人拥有私人权力且缺少约束的独裁政体往往表现不佳。有些国家拥有能对决策者问责的有效的"代表选举团"，也能为其公民带来实际成果。[45]

要避免那些会导致收入急剧减少或者在极端情况下导致战争的错误决策，对行政机关进行约束并对其问责尤其重要。阿马蒂亚·森曾经说过："在世界历史上，饥荒从未在运行良好的民主国家发生过。"[46]这是因为民主政府必须赢得选举并直面公众批评，因而有避免灾祸（或者至少在表面上这么做）、改善公民生活的强烈动机。更受立法、司法和媒体监督问责的政府，更有可能建立起注重共同利益而不是服务少数群体私有利益的社会契约。

民主国家的政客们很清楚，良好的经济表现往往会在选举中带来收益。但很少有人意识到，公民的福祉所带来的选举收益是公民收入增长的两倍。对 20 世纪 70 年代以来欧洲 153 次议会选举进行的研究发现，与 GDP 增长、失业率或通胀等传统经济指标相比，公民对生活的主观满意度更能预测他们将把票投给谁。[47]主观满意度的决定因素是社会契约的关键要素，如良好的健康状况和有意义的工作。

什么样的政治体制能提供更好的社会契约？更倾向总统制、赢家通吃政治体制的国家，往往有更小的政府和更不慷慨的社会契约。多数代表制，比如美国和英国的政治体制，几乎不会产生照顾少数群体利益的动机；相反，政界人士会受到激励，将利益集中在规模较大的中产阶层。实行比例代表制的国家倾向于为其公民提供更多的支持，这可能是因为国家需要建立广泛的联盟以达成政治共识。几乎不受问责的独裁政体在履行社会契约方面压力较小，领导者有时甚至利用政府为自己和亲信牟取私利。脆弱国家的社会契约最薄弱，因为政府通常无法增加财政收入，缺乏执法和施政能力，并且提供公共服务的能力有限。

事实上，许多国家面临的主要挑战不是政府的意愿，而是政府满足公民期望的能力。这就是非洲、拉丁美洲、中东和南亚的大部分发展中国家的情况。这些国家的问题是，国家能否增加财政收入并提供基本的公共福利，如公民所需的教育、医疗和基础设施。在年轻人拥有投票权的国家，公民至少有能力选出更有可能实现自己期望的政党和领袖。在非民主的国家，公民面临着通过其他机制向统治阶层施压的艰巨任务。

发达经济体的挑战，与其说是国家能力问题，不如说是各个利益集团间的政治僵局问题。有些人坚持社会契约中有利于自身的部分（比如较早的退休年龄），而其他人（比如年轻人或弱势群体）要么无法投票，要么为保障自身利益而不投票。选民压制、操纵行政区划、游说和赤裸裸的腐败都会阻挠改革。或许这些地方所需的最关键的干预是让每个人都更容易投票，从而使那些最弱势群体能在塑造社会契约中获得发言权。对民主国家而言，探索安全的数字投票方式无疑是接下来重要的一步。[48] 建立起更加慷慨的社会契约前，往往要先建立起更具包容性的政治体制。

在全球化和资本不断流动的世界中，各国能否建立起更加慷慨的社会契约，或者说，国家之间的竞争需要是否意味着逐底竞争是无法避免的？答案是国家能够建立更慷慨的社会契约并避免逐底竞争。那些成功引领全球化的国家已经建立起各种各样的社会契约——有慷慨的，也有不慷慨的。经济体的开放程度与其再分配政策的慷慨程度看起来似乎没有什么显著关联。[49] 实际上，对贸易更加开放的国家往往在劳动者培训方面的公共支出水平更高，它们以此缓冲世界经济所带来的冲击。[50] 未来，许多企业可能会为了应对新冠肺炎疫情简化供应链，将生产搬到离本地市场更近的地方，这将在政策选择上给予政府更多自主权。

虽然政治结构和国家能力很重要，但危机及在危机中兴起的新联盟也可能带来变革。在 14 世纪，黑死病使英国损失了一半的人口。由此造成的劳动力短缺给予劳动者更大的议价能力，这为封建主义的终结拉开了序幕。在东欧，黑死病则带来了相反的影响，地主在所谓的"第二次农奴制"中巩固了势力，使用更多的无偿劳动力，建立起变本加厉的剥削制度。[51]

随着人们要求从社会中获得更多，一些重大节点能为更具包容性的经济制度创造机会。[52] 20 世纪的美国大萧条孕育出罗斯福新政。二战催生了英国现代福利国家的建立以及面向欧洲的马歇尔计划。当前的全球性疫情也能带来类似的变革契机。最脆弱的群体正饱受其苦，这场悲剧暴露出医疗体系的短板、安全保障的不足以及养老机制的缺陷。年青一代已经错过了受教育的重要阶段，注定要蒙受最大的收入损失。[53]女性受到病毒本身的影响相对较小，但因为失业、封控期间无偿工作和家庭暴力增多而面临经济和社会压力。[54]与此同时，政府累积了巨额债务，这将通过提高未来的生产力偿还。毫无疑问，许多国家的人将迫切要求国家更好地管控风险并改善社会保险以保障弱势群体。

社会和政府能够同时应对这么多巨大的挑战吗？我从几十年的谈判经验中学到的一点是，有些时候，将问题放大反而更容易解决。将更多议题纳入讨论之中，能让你在成本和收益之间进行权衡，并建立起变革联盟。假如我是一个将近 60 岁、正在盼望退休的员工，要是我知道我的子女将会得到一笔终身教育资助，我可能就愿意工作更长时间。类似地，如果年轻人感受到社会对他们的教育慷慨投资，还将继续支持他们学习新技能，并在他们年老时提供保障，他们可能就会乐意支付更多税收。

新的社会契约的联盟可能是庞大且多样的。年轻人已经为采取环境措施行动起来。他们可能很快会为支持终身教育权利以补偿他们的损失做出同样的努力。那些从事不稳定工作的人，尤其是职业生涯连续性通常不如男性的女性，将不断要求从灵活就业中获得更好的福利、对教育加大投资以及改善培训政策。新冠肺炎疫情也为全民医疗保健服务和公共健康干预（比如强制佩戴口罩或鼓励保持健康的体重）带来契机。

对老年人而言，重新设定最低养老金和老年人护理新方案可以补偿退休年龄改革带来的损失。

建立更完善的社会契约，最终关乎加强政治体制的问责能力。如何实现这一点将因国家而异。在民主国家，核心要求是提高选举参与率，对本书中所列问题进行媒体报道，培养公众话语，对当权者施加立法和司法压力，以保障社会中每个人的利益。在非民主国家，沮丧的公民将寻找其他方式，甚至可能不太有序的方式向领导人施加变革压力。但不管在什么情况下，只有更严格的问责机制才能确保国家公平、高效地服务于集体利益。

迈向 21 世纪的新社会契约

我们对彼此负有更多的义务。更加慷慨且更具包容性的社会契约将承认我们的相互依存关系，为所有人提供最低保障，使人们共同分摊一些风险，并要求每个人尽可能长时间地做出尽可能多的贡献。这不是要强化福利国家，而是对人们进行投资并构建新的风险分摊体系，以提升整体福利水平。新的社会契约不是要争夺蛋糕中更大的一块，而是要将蛋糕做大以使人们有更多的蛋糕可以分享。

变革将不可避免地到来，因为技术、人口和环境压力等因素会驱动变革。问题是，我们是已经为这场变革做好了准备，还是仍像最近几十年一样，继续让我们的社会忍受这些强力的冲击。这本书列举了我们面临的挑战，并围绕家庭、教育、健康、工作、老年以及代际问题，为建立更完善的社会契约提出了一系列可选方案。这本书不是计划蓝图，但提供了在经济上具有可行性的前进方向。这些方案也不是固定模板——国家可能会有所选择地实施部分措施。在实践中，大多数社会契约都在持续不断的社会压力下，经过数十年时间分阶段进行改革。

亚伯拉罕·林肯说过："预测未来的最好方法就是创造未来。"数个世纪以来，公民的选择塑造了社会的机会结构，而那些选择也塑造了我们的人生。我们正处在需要做出新选择的历史性时刻。塑造社会契约，为我们和后代创造更加美好的未来，是时代赋予我们的使命。《贝弗里奇报告》的终章写道："免于匮乏的自由不能强加于民主国家，也不能赋予民主国家，而必须由它们赢取。赢取这种自由需要勇气、信念以及民族团结意识：面对现实与困难并克服它们的勇气；对我们的未来、公平竞争的理想以及我们祖祖辈辈数个世纪以来舍生忘死追求的自由的信念；跨越阶级或部门利益的民族团结意识。"[55] 为了彼此，也为了自己，我们要振奋勇气，强化信念，凝聚团结共识。

致谢

毫无疑问，我要感谢许多人对我写作本书给予的大力支持。

2018年，鲁伯特·兰卡斯特听了我在利弗休姆基金会上的演讲后令我产生写书的想法。在伦敦政治经济学院，热情有趣之士济济一堂，我备感欣喜并从中受益，其中最先让我有这种感觉的是我在学院管理委员会的同事们。许多同事曾和我交流想法并针对前期书稿提出慷慨的意见，在此我要特别感谢奥莉娅娜·班迪耶拉、尼克·巴尔、蒂姆·贝斯利、塔妮娅·伯查特、迪利·冯、约翰·希尔斯、艾米丽·杰克逊、朱利安·勒格朗、史蒂夫·梅钦、尼克·斯特恩、安德鲁·萨默斯、安德烈斯·贝拉斯科和亚历克斯·福尔胡弗。还有几位朋友和前同事为我提供了相关文献，贡献了有益见解，并给予我大量鼓励。他们是：帕特里夏·阿隆索-加莫、索尼娅·布兰奇、伊丽莎白·科里、戴安娜·杰拉尔德、安东尼奥·埃斯塔奇、希拉里·莱昂、格斯·奥唐奈、塞巴斯蒂安·马拉比、杜鲁门·帕卡德、迈克尔·桑德尔和艾莉森·沃尔夫。

我非常感谢他们提供的有益观点。文中如有任何疏漏之处，皆是我自己的原因。

马克斯·基费尔是一名出色的研究助理，尽管由于疫情我们只见了一面，但他为我提供了有趣的资料和有用的建议。詹姆斯·普伦是我在约翰·威利父子出版社的经纪人，他让我更好地了解本书出版相关事务，并不断为我提供好的建议。威尔·哈德蒙是我在企鹅兰登书屋的编辑，他鼓励我避开学术书的晦涩，让文字更具可读性。普林斯顿大学出版社的乔·杰克逊也提供了许多有益的反馈。

我非常感激我的母亲迈萨，她开车带我去各大图书馆，并且无条件支持我。感谢我的妹妹纳兹利、侄女莱拉以及我的大家庭，他们为我提供了一个良好社会契约的典范。我还要感谢我的丈夫拉斐尔，他让我变得更加勇敢，并鼓励我接受更大的挑战。我们的孩子——亚当、汉娜、汉斯-塞拉斯、诺拉和奥利维亚，是我在写作"代际问题"这一章时脑海中最重要的人。为了他们以及子孙后代，我希望我们能成功建立一份全新的、让所有人生气蓬勃的社会契约。

　　　　　　　　　　　　　　　　　　　　　　　　　　　新社会契约

注释

前言

1 该结论基于 Factiva 媒体数据库近 30 年的数据。评论员特别用"万物分崩离析"指代法国恐怖主义暴力的崛起、英国公投脱欧以及唐纳德·特朗普当选美国总统。Fintan O'Toole, 'Yeats Test Criteria Reveal We Are Doomed', *Irish Times*, 28 July 2018。

2 在《国家为什么会失败》一书中,阿西莫格鲁和罗宾逊提出了"关键节点",即引发制度全面改革但走向并不明晰的大动荡时期。

3 米尔顿·弗里德曼有这样一句名言:"只有危机——实际的或被认定的——才能带来真正的变革。那种危机发生时,采取的措施要依据那些到处闲散着的理论。我认为,这就是我们的基本作用:为现有政策提供可替代性方案,使其保持活力与可行性,直至在政治上的不可能变成政治上的必然。"Milton Friedman, *Capitalism and Freedom*, University of Chicago Press, 1962。

4 Carole Seymour-Jones, *Beatrice Webb: Woman of Conflict*, Allison and Busby, 1992.

5 众多后殖民国家领导人深受费边主义影响,包括印度开国总理贾瓦哈拉尔·尼赫鲁、尼日利亚领袖奥巴费米·阿沃洛沃、巴基斯坦国父穆罕默德·阿里·真纳、新加坡首任总理李光耀以及阿拉伯世界政治领袖米歇尔·阿弗拉克。

6　有一则关于撒切尔夫人的趣闻。1975 年夏天，撒切尔夫人到访保守党研究部，这也是她唯一的一次到访。当时有人提出应该采取最可行的"中间路线"来获得更多政治支持，这时她把手伸进公文包，拿出一本哈耶克的《自由宪章》，说道"这才是我们应该信仰的"，然后把哈耶克的这本书用力拍到桌子上。John Ranelagh, Thatcher's People: An Insider's Account of the Politics, the Power, and the Personalities, Fontana, 1992. 罗纳德·里根承认哈耶克对自己的思想所产生的影响，并在白宫向哈耶克致敬，为他颁发了美国总统自由勋章。

7　Anthony Giddens, *The Third Way: The Renewal of Social Democracy*, Polity Press, 1988. 另见 Julian LeGrand and Saul Estrin, *Market Socialism*, Oxford University Press, 1989。

第 1 章　什么是社会契约

1　有关对社会结构的哲学基础及其与社会契约理论的关系的阐述，参阅 Leif Wenar's summary of John Rawls's views in Leif Wenar, 'John Rawls', *The Stanford Encyclopedia of Philosophy*, Spring 2017 edition.

2　Steven Pinker, *Enlightenment Now: The Case for Reason, Science, Humanism, and Progress*, Penguin/Viking, 2020; Hans Rosling, Ola Rosling and Anna Rosling Rönnlund, *Factfulness: Why Things Are Better Than You Think*, Sceptre, 2018.

3　Edelman 2019 Trust Barometer Global Report:https://www.edelman.com/sites/g/files/aatuss191/files/201902/2019_Edelman_Trust_Barometer_Global_Report.pdf.

4　有关税收收入在国家形成中所起作用的精彩历史，参阅 Margaret Levi, *Of Rule and Revenue*, University of California Press, 1989。

5　社会契约的概念最早可见于公元前 400 年柏拉图的《克力同篇》和《理想国》。柏拉图在书中将法律制度描述为个人和国家之间的一种契约。之后，奥古斯丁和托马斯·阿奎那等中世纪作家对良好公民的含义，以及个人自主性与集体利益的比例问题进行了探究。

6　Thomas Hobbes, *Leviathan*, Penguin Classics, 1651/2017.

7　John Locke, *Two Treatises of Government*, J. M. Dent, 1689/1993. 洛克关于反抗主权合法时机的观点对美国开国元勋和美国宪法起草者具有深刻影响。

8　Jean-Jacques Rousseau, *The Social Contract*, Penguin Classics, 1762/1968.

9　Adam Smith, *The Theory of Moral Sentiments*, Cambridge University Press, 1759/2002. 有关现代阐释，参阅 Jesse Norman, *Adam Smith: Father of Economics*, Penguin: 2018。

10　Howard Glennerster, *Richard Titmus: Forty Years On*, Centre for Analysis of Social Exclusion, LSE, 2014.

11　或者用迈克尔·桑德尔的话说："民主不需要绝对的公平，但它的确需要公民在日常生活中享有公平。" Michael Sandel, *What Money Can't Buy*: *The Moral Limits of Markets*, Penguin, 2012. p.203。

12　John Rawls, *A Theory of Justice*, Belknap, 1971.

13　Ibid. p. 73. 罗尔斯在他有关正义的理论中提出另外两项原则：自由原则（我们所有人都应当公平地享有最大限度的基本自由：言论自由、结社和良知自由等），以及差别原则（收入、财富和自尊的社会基础应当分配给我们社会中最贫穷的人，使其获得最大的利益）。

14　Gary Solon, 'What Do We Know So Far About Intergenerational Mobility?' *Economic Journal*, 2018; Michael Amior and Alan Manning, 'The Persistence of Local Joblessness', *American Economic Review*, 2018.

15　同一时期，巴伐利亚的男性人均预期寿命为 37.7 岁，女性人均预期寿命为41.4岁，这主要是因为儿童死亡率较高。1916年，德国将退休年龄调整为65周岁，放在今天来说相当于国家支付20年左右的养老金。Martin Kohl, 'Retirement and the Moral Economy: An Historical Interpretation of the German Case', *Journal of Ageing Studies* 1:2, 1987, pp. 125–44.

16   有关贝弗里奇成果的总结，参阅 Nicholas Timmins, *The Five Giants: A Biography of the Welfare State*, Harper Collins, 2017。

17   OECD, *OECD Employment Outlook 2018*, OECD Publishing, 2018.

18   World Bank Group, 'Closing the Gap: The State of Social Safety Nets 2017', World Bank, 2017.

19   Francesca Bastagli, Jessica Hagen-Zanker, Luke Harman, Valentina Barca, Georgina Sturge and Tanja Schmidt, with Luca Pellerano, 'Cash transfers: what does the evidence say? A rigorous review of programme impact and of the role of design and implementation features', Overseas Development Institute, July 2016.

20   Ugo Gentilini, Mohamed Bubaker Alsafi Almenfi, Pamela Dale, Ana Veronica Lopez, Canas Mujica, Veronica Ingrid, Rodrigo Cordero, Ernesto Quintana and Usama Zafar, 'Social Protection and Jobs Responses to COVID-19 : A Real-Time Review of Country Measures', World Bank, 12 June 2020.

21   Alberto Alesina and Edward Glaeser, *Fighting Poverty in the U.S. and in Europe: A World of Difference*, Oxford University Press, 2004.

22   Holger Stichnoth and Karine Van der Straeten, 'Ethnic Diversity, Public Spending and Individual Support for the Welfare State: A Review of the Empirical Literature', *Journal of Economic Surveys* 27:2, 2013, pp. 364–89. Stuart Soroka, Richard Johnston, Anthony Kevins, Keith Banting and Will Kymlicka, 'Migration and Welfare Spending', *European Political Science Review* 8:2, 2016, pp. 173–94.

23   Nicholas Barr, *The Economics of the Welfare State*, 5th edition, Oxford

University Press, 2012, p. 174.

24 John Hills, *Good Times, Bad Times: The Welfare Myth of Them and Us*, Policy Press, 2014.

25 尼古拉斯·巴尔认为福利国家是分摊风险的最优工具：（1）福利国家能提供应对未来未知风险的出生保险，有助于消除贫困；（2）福利国家能应对市场失灵，解决私人保险尤其是有关失业、医疗风险和社会服务方面的技术性难题；（3）福利国家能促进经济增长，以积累人力资本并鼓励冒险行为。参阅 Nicholas Barr, 'Shifting Tides: Dramatic Social Changes Mean the Welfare State is More Necessary than Ever', *Finance and Development* 55:4, December 2018, pp. 16–19。

26 Amartya Sen, *Commodities and Capabilities*, North Holland, 1985; Amartya Sen, 'Development as Capability Expansion', *Journal of Development Planning* 19, pp. 41–58, 1989; Amartya Sen, *Development as Freedom*, Oxford University Press, 1999.

27 Margaret Thatcher interviewed in Douglas Keay, 'Aids, education and the year 2000', *Women's Own*, 31 October 1987, pp. 8–10.

28 Franklin Delano Roosevelt, 'Second Inaugural Address', 20 January 1937.

29 Milton Friedman, 'The Social Responsibility of Business is to Increase its Profits', *New York Times Magazine*, 13 September 1970.

30 一项由科林·迈耶负责的有关公司未来的研究项目得出了这样的结论："企业的目标是为人类问题及地球问题制订盈利性解决方案，并在这一过程中产生利润。"参阅 Colin Mayer, *Prosperity: Better Business Makes the Greater Good,* Oxford University Press, 2018。

31 Barr, *The Economics*, Box 10.2, p. 274.

32 低技能劳动者的工资下降往往被归咎于全球化，但证据表明技术才是罪魁祸首。有估计显示，在影响工资变化的因素中，贸易占 10%~20%，移民所占比例更小。截至目前，最大的影响因素来自技术，它将需求从劳动力转型为高技术劳动者。Phillip Swagel and Matthew Slaughter,

'The Effects of Globalisation on Wages in Advanced Economies', IMF Working Paper, 1997.

33 有关全球化对发达经济体劳动力市场影响的经济分析，参阅 Joseph Stiglitz, *Globalization and Its Discontents*, W. W. Norton, 2002; Paul Krugman and Anthony Venables, 'Globalization and the Inequality of Nations', *Quarterly Journal of Economics*, 110:4, 1995, pp. 857–80; Paul Collier, *The Future of Capitalism: Facing the New Anxieties*, Penguin Random House, 2018; Raghuram Rajan, *The Third Pillar: The Revival of Community in a Polarized World*, William Collings, 2019; David Autor and David Dorn, 'The Growth of Low Skill Service Jobs and the Polarization of the U.S. Labor Market', *American Economic Review* 103:5, 2013, pp. 1553–97. 邻近底特律的工业小镇简斯维尔努力应对汽车厂倒闭所带来的冲击，这类案例十分典型。它毫不留情地指出了经济破坏所消耗的人力成本。Amy Goldstein, *Janesville: An American Story*, Simon and Schuster, 2018. 与之相对的观点是，艾弗森和索斯凯斯认为资本追逐高技术劳动者，而高技术劳动者集中在主要城市中心，国家政府实际上拥有相当大的政策自主权。参阅 Torben Iversen and David Soskice *Democracy and Prosperity: Re-inventing Capitalism Through a Turbulent Century*, Princeton University Press, 2019。

34 David H. Autor, David Dorn and Gordon H. Hanson, 'The China Shock: Learning from Labor-Market Adjustment to Large Changes in Trade', *Annual Review of Economics* 8, 2016, pp. 205–40; Mark Muro and Joseph Parilla, 'Maladjusted: It's Time to Reimagine Economic Adjustment Programs', Brookings, 10 January 2017.

35 学术文献中有这样一种观点，即女性劳动力参与程度呈现出 U 形结构——在极其贫穷的国家（女性从事农业劳动）和非常富有的国家，女性劳动力参与水平较高。最新数据显示出更多异构模式。Stephan Klasen, 'What Explains Uneven Female Labour Force Participation Levels

and Trends in Developing Countries?' *World Bank Research Observer* 34:2, August 2019, pp. 161–97.

36　Naila Kabir, Ashwini Deshpande and Ragui Assaad, 'Women's Access to Market Opportunities in South Asia and the Middle East and North Africa', Working Paper, Department of International Development, London School of Economics in collaboration with Ahoka University and the Economic Research Forum, 2020.

37　Esteban Ortiz-Ospina and Sandra Tzvetkova 'Working Women: Key Facts and Trends in Female Labour Force Participation', *Our World in Data*, Oxford University Press, 2017.

38　Jonathan Ostry, Jorge Alvarez, Raphasel Espinoza and Chris Papgeorgiou, 'Economic Gains from Gender Inclusion: New Mechanisms, New Evidence', IMF Staff Discussion Paper, 2018.

39　Daniel Susskind and Richard Susskind, *The Future of the Professions*, Oxford University Press, 2015.

40　Andrew McAfee and Erik Brynjolfsson, *The Second Machine Age*, W. W. Norton, 2014.

41　IPCC, *Special Report Global Warming of 1.5 degrees*, Intergovernmental Panel on Climate Change, 2018.

42　Rattan Lal and B. A. Stewart (editors), *Soil Degradation*, Volume 11 of *Advances in Soil Science*, SpringerVerlag, 1990; Sara J. Scherr, 'Soil degradation: a threat to developing country food security by 2020?' International Food Policy Research Institute, 1999.

43　Gerardo Ceballos, Anne H. Ehrlich and Paul R. Ehrlich, *The Annihilation of Nature: Human Extinction of Birds and Mammals*, Johns Hopkins University Press, 2015, p. 135.

44　FAO, *The State of World Fisheries and Aquaculture 2018 – Meeting the Sustainable Development Goals*, United Nations Food and Agriculture

Organisation, 2018.

第 2 章　儿童

1　Adalbert Evers and Birgit Riedel, *Changing Family Structures and Social Policy: Child Care Services in Europe and Social Cohesion*, University of Gießen, 2002, p.11.

2　权力下放原则最先被庄严地载入魏玛共和国 1922 年《青少年福利法》，并在之后的几次修订中被再次确认。Margitta Mätzke, 'Comparative Perspectives on Childcare Expansion in Germany: Explaining the Persistent East-West Divide', *Journal of Comparative Policy Analysis: Research and Practice* 21:1, 2019, pp. 47–64; Juliane F. Stahl and Pia S. Schober, 'Convergence or Divergence? Educational Discrepancies in Work-Care Arrangements of Mothers with Young Children in Germany', *Work, Employment and Society* 32:4, 2018, pp. 629–49.

3　美国 1960—2010 年职业分布的趋同，解释了通过改善人才配置，人均总产出增长了 20%~40%。参阅 Chang-Tai Hsieh, Erik Hurst, Charles I. Jones and Peter J. Klenow, 'The Allocation of Talent and U.S. Economic Growth', *Econometrica* 87:5, September 2019, pp. 1439–74。

4　政治领域也出现普通男性被杰出女性替代的现象。参阅 Timothy Besley, Olle Folke, Torsten Persson and Johanna Rickne, 'Gender Quotas and the Crisis of the Mediocre Man: Theory and Evidence from Sweden', *American Economic Review* 107:8, 2017, pp. 2204–42。

5　Columbia Law School, 'A Brief Biography of Justice Ginsburg', Columbia Law School web archive. 她在美国联邦最高法院的同僚，大法官桑德拉·戴·奥康纳，在斯坦福大学法学院排名第三，但在 1952 年时只能找到法律助理的工作。

6   Rhea E. Steinpreis, Katie A. Anders and Dawn Ritzke, 'The Impact of Gender on the Review of the Curriculum Vitae of Job Applicants and Tenure Candidates: A National Empirical Study', *Sex Roles* 41, 1999, pp. 509–28; Shelley J. Correll, Stephen Benard and In Paik, 'Getting a Job: Is there a Motherhood Penalty?' *American Journal of Sociology* 112:5, March 2007, pp. 1297–1338; Kathleen Feugen, Monica Biernat, Elizabeth Haines and Kay Deaux, 'Mothers and Fathers in the Workplace: How Gender and Parental Status Influence Judgements of Job-Related Competence,' *Journal of Social Issues* 60:4, December 2004, pp. 737–54.

7   Arlie Russell Hochschild and Anne Machung, *The Second Shift: Working Parents and the Revolution at Home*, Viking, 1989.

8   Cristian Alonso, Mariya Brussevich, Era Dabla-Norris, Yuko Kinoshita and Kalpana Kochar, 'Reducing and Redistributing Unpaid Work: Stronger Policies to Support Gender Equality', IMF Working Paper, October 2019: https://www.imf.org/—/media/Files/Publications/WP/2019/wpiea2019225–print-pdf.ashx.

9   Alonso et al., *Reducing and Redistributing Unpaid Work*, p. 13.

10   Emma Samman, Elizabeth Presler-Marshall and Nicola Jones with Tanvi Bhaktal, Claire Melamed, Maria Stavropoulou and John Wallace, *Women's Work: Mothers, Children and the Global Childcare Crisis*, Overseas Development Institute, March 2016.

11   在最近的一篇文章中，梅琳达·盖茨评论道："在美国，75% 的母亲因儿童抚养责任而放弃工作机会、调动工作岗位或离开工作岗位。母亲辞职照顾儿童或其他家庭成员的概率是父亲的 3 倍。超过 60% 的未就业女性称家庭责任是其放弃工作的原因。1/3 出生于婴儿潮时期的女性负责照顾年老的父母，其中的 11% 需要离开工作岗位提供全职照顾。"参阅 Melinda Gates, 'Gender Equality Is Within Our Reach', *Harvard Business Review*, October 2019。

12 有关英国的例证，参阅 Monica Costa Rias, Robert Joyce and Francesca Parodi, 'The Gender Pay Gap in the UK: Children and Experience in Work', Institute for Fiscal Studies, February 2018。

13 Jonathan D. Ostrey, Jorge Alvarez, Rafael A. Espinosa and Chris Papageorgiou, 'Economic Gains from Gender Inclusion: New Mechanisms, New Evidence', IMF Staff Discussion Note, October 2018.

14 有关家庭化与去家庭化之间的争论，参阅 Ruth Lister, '"She has other duties": Women, citizenship and social security,' in Sally Baldwin and Jane Falkingham (editors), *Social Security and Social Change: New Challenges*, Havester Wheatshead, 1994; Gøsta Esping-Andersen, *Social Foundations of Post-industrial Economies*, Oxford University Press, 1999; Roger Goodman and Ito Peng, 'The East Asian welfare states: peripatetic learning, adaptive change, and nation-building', in Gøsta Esping-Andersen (editor), *Welfare States in Transition: National Adaptations in Global Economies*, Sage, 1996, pp. 192–224; Huck-Ju Kwon, 'Beyond European Welfare Regimes: Comparative Perspectives on East Asian Welfare Systems', *Journal of Social Policy* 26:4, October 1997, pp. 467–84; Ito Peng and Joseph Wong, 'East Asia', in Francis G. Castles, Stephan Leibfried, Janes Lewis, Herbert Obinger and Christopher Pierson (editors), *The Oxford Handbook of the Welfare State*, Oxford University Press, 2010; Mi Young An and Ito Peng, 'Diverging Paths? A Comparative Look at Childcare Policies in Japan, South Korea and Taiwan', *Social Policy and Administration* 50:5, September 2016, pp. 540–55。

15 Emma Samman, Elizabeth Presler-Marshall and Nicola Jones with Tanvi Bhatkal, Claire Melamed, Maria Stavropoulou and John Wallace, 'Women's Work: Mothers, Children and the Global Childcare Crisis', Overseas Development Institute, March 2016, p. 34.

16 Ibid. p. 34.

17　在中国，城市地区的女性劳动力参与率有所下降，这是因为政府的育儿服务减少，对（外）祖母的依赖变多。但如果（外）祖母延迟退休，那么她们提供免费育儿服务的能力将下降，将来政府有可能需要恢复公共服务的规模。参阅 Yunrong Li, 'The effects of formal and informal childcare on the Mother's labor supply – Evidence from Urban China', *China Economic Review* 44, July 2017, pp. 227–40。

18　Daniela Del Boca, Daniela Piazzalunga and Chiara Pronzato, 'The role of grandparenting in early childcare and child outcomes', *Review of Economics of the Household* 16, 2018, pp. 477–512.

19　经合组织 2016 年的平均教育支出占 GDP 的比重为 5% (https://data.worldbank.org/indicator/SE.XPD.TOTL.GD.ZS)。经合组织 2017 年的健康支出占 GDP 的比重为 12.55% (https://data.worldbank.org/indicator/SH.XPD.CHEX.GD.ZS)。

20　Chris M. Herbst, 'The Rising Cost of Child Care in the United States: A Reassessment of the Evidence', IZA Discussion Paper 9072, 2015, cited in Samman et al., *Women's Work*, p. 33.

21　Daniela Del Boca, Silvia Pasqua and Chiara Pronzato, 'Motherhood and market work decisions in institutional context: a European perspective', *Oxford Economic Papers* 61, April 2009, pp. i147–i171; Joya Misra, Michelle J. Budig and Stephanie Moller, 'Reconciliation policies and the effects of motherhood on employment, earnings and poverty', *Journal of Comparative Policy Analysis: Research and Practice* 9:2, 2007, pp. 135–55.

22　Gøsta Esping-Andersen, *Why We Need a New Welfare State*, Oxford University Press, 2002; Olivier Thévenon, 'Family Policies in OECD Countries: A Comparative Analysis', *Population and Development Review* 37:1, March 2011, pp. 57–87; Paolo Barbieri and Rossella Bozzon, 'Welfare labour market deregulation and households' poverty risks: An analysis of the risk of entering poverty at childbirth in different

European welfare clusters', *Journal of European Social Policy* 26:2, 2016, pp. 99–123.

23　Giulia Maria Dotti Sani, 'The Economic Crisis and Changes in Work–Family Arrangements in Six European Countries', *Journal of European Social Policy* 28:2, 2018, pp. 177–93; Anne Gauthier, 'Family Policies in Industrialized Countries: Is there Convergence?' *Population* 57:3, 2002, pp. 447–74; Misra et al., 'Reconciliation policies'; Joya Misra, Stephanie Moller, Eiko Strader and Elizabeth Wemlinger, 'Family Policies, Employment and Poverty among Partnered and Single Mothers', *Research in Social Stratification and Mobility* 30:1, 2012, pp. 113–28; Thévenon, 'Family Policies'.

24　ILO, *Maternity and paternity at work: law and practice across the world*, International Labour Organisation, 2014, cited in Samman et al., *Women's Work*, p. 47.

25　53 个发达国家中 33 302 家企业的样本数据分析显示，相比未实施强制性陪产假的国家，实施强制性陪产假的国家中，女性受雇于私企的比例明显较高。据保守估计，与强制性陪产假有关联的女性劳动者比例增加了 6.8 个百分点。参阅 Mohammad Amin, Asif Islam and Alena Sakhonchik, 'Does paternity leave matter for female employment in developing economies? Evidence from firm-level data', *Applied Economics Letters* 23:16, 2016, pp. 1145–48。

26　ODI, *Women's Work: Mothers, Children and the Global Childcare Crisis*, Overseas Development Institute, 2016.

27　文献着重强调了育儿成本与女性劳动力参与率之间的关系。一种假设认为人们越能负担得起儿童看护服务，就会越多地使用该服务，女性就越有可能会加入劳动力市场，但该假设尚未得到证明。安德森和莱文、布劳和柯里对美国女性劳动力供给弹性与育儿成本的关系进行了详细述评。大部分结果表明，母亲的劳动力参与率随育儿成本的降低而提高。但是，估计幅度有很大的波动。Patricia Anderson and Philip Levine, 'Child Care and Mother's Employment Decisions', in David Card and Rebecca Blank (editors), *Finding Jobs: Work and Welfare Reform*, Russell Sage, 2000; David Blau and Janet Currie, 'Pre-School, Day Care, and After-School Care: Who's Minding the Kids?' *Handbook of the Economics of Education* 2, 2006, pp. 1163–1278; Mercedes Mateo Diaz and Lourdes Rodriguez-Chamussy, 'Childcare and Women's Labor Participation: Evidence for Latin America and the Caribbean', Technical Note IDB-TN-586, Inter-American Development Bank, 2013.

28 根据对 21 个发展中国家将近 13 万名女性的家庭调查，发展中世界的"孩刑"大概为 22%，考虑到年龄、学历和婚姻状况时下降为 7%。"孩刑"随孩子年龄的增长而降低，对育有年长女儿的女性还产生相反效果，因为年长的女儿可以分担家庭劳动责任，从而让母亲挣得更多。这种相反效果又会随着孩子年龄的增长而减弱。Jorge M. Agüeroa, Mindy Marksb and Neha Raykarc, 'The Wage Penalty for Motherhood in Developing Countries', Working Paper, University of California Riverside, May 2012.

29 Henrik Kleven, Camille Landais, Johanna Posch, Andreas Steinhauer and Josef Zweimuller, 'Child Penalties across Countries: Evidence and Explanations', *American Economic Association Papers and Proceedings* 2019. 没有证据表明，孩刑是由女性在生物上具有照顾儿童的相对优势造成的。参阅 Henrik Kleven, Camille Landais and Jakob Egholt Sogaard, 'Does Biology Drive Child Penalties? Evidence from Biological and Adoptive Families', Working Paper, London School of Economics, May 2020。

30 这三个国家或地区都在 21 世纪第一个 10 年增加了育儿资金支持。也就是说，在日本，大部分增长表现为向家庭提供育儿资金支持，韩国强化了家庭使用育儿服务的支持政策，中国台湾则主要以保障休假的形式提供资金支持。

31 Takeru Miyajima and Hiroyuki Yamaguchi, 'I Want to, but I Won't: Pluralistic Ignorance', *Frontiers in Psychology* 20, September 2017: doi:10.3389/fpsyg.2017.01508.

32 Ingólfur V. Gíslason, 'Parental Leave in Iceland Gives Dad a Strong Position', *Nordic Labour Journal*, April 2019.

33 Rachel G. Lucas-Thompson, Wendy Goldberg and JoAnn Prause, 'Maternal work early in the lives of children and its distal associations with achievement and behavior problems: a meta-analysis', *Psychological Bulletin* 136:6, 2010, pp. 915–42.

34 Charles L. Baum, 'Does early maternal employment harm child development? An analysis of the potential benefits of leave taking', *Journal of Labor Economics* 21:2, 2003, pp. 409–448; David Blau and Adam Grossberg, 'Maternal Labor Supply and Children's Cognitive Development', *Review of Economics and Statistics* 74:3, August 1992, pp. 474–81.

35 Committee on Family and Work Policies, *Working Families and Growing Kids: Caring for Children and Adolescents*, National Academies Press, 2003.

36 Jane Waldfogel, Wen-Jui Han and Jeanne Brooks-Gunn, 'The effects of early maternal employment on child cognitive development', *Demography* 39:2, May 2002, pp. 369–92.

37 Lucas-Thompson et al., 'Maternal work early in the lives of children', pp. 915–42.

38 Ellen S. Peisner-Feinberg, Margaret R. Burchinal, Richard M. Clifford, Mary L. Culkin, Carollee Howes, Sharon Lynn Kagan and Noreen Yazejian, 'The relation of preschool child-care quality to children's cognitive and social developmental trajectories through second grade', *Child*

Development 72:5, 2001, pp. 1534–53.

39   Eric Bettinger, Torbjørn Hægeland and Mari Rege, 'Home with mom: the effects of stay-at-home parents on children's long-run educational outcomes', *Journal of Labor Economics* 32:3, July 2014, pp. 443–67.

40   Michael Baker and Kevin Milligan, 'Maternal employment, breastfeeding, and health: Evidence from maternity leave mandates', *Journal of Labor Economics* 26, 2008, pp. 655–92; Michael Baker and Kevin Milligan, 'Evidence from maternity leave expansions of the impact of maternal care on early child development', *Journal of Human Resources* 45:1, 2010, pp. 1–32; Astrid Würtz-Rasmussen, 'Increasing the length of parents' birth-related leave: The effect on children's long-term educational outcomes', *Labour Economics* 17:1, 2010, pp. 91–100; Christopher J. Ruhm, 'Are Recessions Good for Your Health?' *Quarterly Journal of Economics* 115:2, May 2000, pp. 617–50; Sakiko Tanaka, 'Parental leave and child health across OECD countries', *Economic Journal* 115:501, February 2005, F7–F28.

41   Maya Rossin, 'The effects of maternity leave on children's birth and infant health outcomes in the United States', *Journal of Health Economics* 30:2, March 2011, pp. 221–39.

42   Lucas-Thompson et al., 'Maternal work early in the lives of children'.

43   Kathleen McGinn, Mayra Ruiz Castro and Elizabeth Long Lingo, 'Learning from Mum: Cross-National Evidence Linking Maternal Employment and Adult Children's Outcomes', *Work, Employment and Society* 33:3, 2019, pp. 374–400.

44   Susan Kromelow, Carol Harding and Margot Touris, 'The role of the father in the development of stranger sociability in the second year', *American Journal of Orthopsychiatry* 60:4, October 1990, pp. 521–30.

45   Vaheshta Sethna, Emily Perry, Jill Domoney, Jane Iles, Lamprini

Psychogiou, Natacha Rowbotham, Alan Stein, Lynne Murray and Paul Ramchandani, 'Father–Child Interactions at 3 months and 24 Months: Contributions to Child Cognitive Development at 24 Months', *Infant Mental Health Journal* 38:3, 2017, pp. 378–90.

46   J. Kevin Nugent, 'Cultural and psychological influences on the father's role in infant development', *Journal of Marriage and the Family* 53:2, 1991, pp. 475–85.

47   Alonso et al., *Reducing and Redistributing*, p. 21.

第 3 章　教育

1   Max Roser and Esteban Ortiz-Ospina, 'Primary and Secondary Education', *Our World in Data*, 2020.

2   World Bank, 'World Bank Development Report 2018: Learning to Realize Education's Promise', World Bank Group, 2018, p. 4.

3   World Bank, 'World Bank Education Overview: Higher Education (English)', World Bank Group, 2018.

4   对女孩的教育收益比对男孩的教育收益高 2%。参阅 George Psacharopolous and Harry Patrinos, 'Returns to Investment in Education: A Decennial Review of the Global Literature', Policy Research Working Paper 8402, World Bank, 2018。

5   Jack B. Maverick, 'What is the Average Annual Return on the S&P 500?' *Investopedia*, May 2019.

6   UK Government, 'Future of Skills and Lifelong Learning', Foresight Report, UK Government Office for Science, 2017.

7   Richard Layard and George Psacharopoulos, 'The Screening Hypothesis and the Returns to Education', *Journal of Political Economy* 82:5,

September–October 1974, pp. 985–98; David Card and Alan B. Krueger, 'Does School Quality Matter? Returns to Education and the Characteristics of Public Schools in the United States', *Journal of Political Economy* 100:1, February 1992, pp. 1–40; Damon Clark and Paco Martorell, 'The signalling value of a high school diploma', *Journal of Political Economy* 122:2, April 2014, pp. 282–318.

8　Daron Acemoglu, 'Technical Change, Inequality, and the Labor Market', *Journal of Economic Literature* 40:1, March 2002, pp. 7–22.

9　Claudia Goldin and Lawrence F. Katz, *The Race between Education and Technology*, Harvard University Press, 2008.

10　World Bank, 'World Bank Development Report: The Changing Nature of Work', World Bank Group, 2019, p. 71.

11　复杂问题解决能力的一个标准差的增长与10%~20%的工资溢价有关。参阅 Peer Ederer, Ljubica Nedelkoska, Alexander Platt and Sylvia Castellazzi, 'How much do employers pay for employees' complex problem solving skills?' *International Journal of Lifelong Learning* 34:4, 2015, pp. 430–47。

12　Lynda Gratton and Andrew Scott, *The 100 Year Life: Living and Working in an Age of Longevity*, Bloomsbury, 2016.

13　Ibid. p. 110.

14　OECD, *OECD Employment Outlook 2019: The Future of Work*, Organisation for Economic Co-operation and Development, 2019, Chapter 3.

15　William Johnson (*later* Cory), king's scholar 1832–41, master 1845–72, in his *Eton Reform II*, as adapted by George Lyttleton in writing to Rupert Hart-Davis.

16　J. Fraser Mustard, 'Early Brain Development and Human Development', in R. E.Tremblay, M. Boivin and R. De V. Peters (editors), *Encyclopedia on Early Childhood Development*, 2010: http://www.child-encyclopedia.com/ importance-early-childhood-development/according-experts/early-braindevelopment-and-human

17　Arthur J. Reynolds, Judy A. Temple, Suh-Ruu Ou, Irma A. Arteaga and Barry A. B. White, 'School-Based Early Childhood Education and Age-28 Well-Being: Effects by Timing, Dosage, and Subgroups', *Science* 333, 15 July 2011, pp. 360–64.

18　Rebecca Sayre, Amanda E. Devercelli, Michelle J. Neuman and Quentin Wodon, 'Investing in Early Childhood Development: Review of the World Bank's Recent Experience', World Bank Group, 2014.

19　Paul Glewwe, Hanan G. Jacoby and Elizabeth M. King, 'Early childhood nutrition and academic achievement: A longitudinal analysis', *Journal of Public Economics* 81:3, 2001, pp. 345–68; Emiliana Vegas and Lucrecia Santibáñez, 'The Promise of Early Childhood Development in Latin America and the Caribbean', Latin American Development Forum, World Bank, 2010.

20　除了大量国家级证据，他们还开发了一种模拟运算，模拟结果表明将所有国家的学前教育入学率提升至 25% 能产生 106 亿美元的收益，提升至 50% 能产生 337 亿美元的收益，收益与成本的比率最大能达到 17.6∶1。参阅 Patrice L. Engle, Maureen M. Black, Jere R. Behrman. Meena Cabral de Mello, Paul J. Gertler, Lydia Kapiriri, Reynaldo Martorell, Mary Eming Young and the International Child Development Steering Group, 'Child development in developing countries 3: Strategies to avoid the loss of developmental potential in more than 200 million children in the developing world', *Lancet* 369, January 2007, p. 229–42; Patrice Engle, Lia Fernald, Harold Alderman, Jere Behrman, Chloe O'Gara, Aisha Yousafzai, Meena Cabral de Mello, Melissa Hidrobo, Nurper Ulkuer, Ilgi Ertem and Selim Iltus, 'Strategies for Reducing Inequalities and Improving Developmental Outcomes for Young Children in Low and Middle Income Countries', *Lancet* 378, November 2011, pp. 1339–53。

21 Engle et al., 'Child development'.

22 Paul Gertler, James Heckman, Rodrigo Pinto, Arianna Zanolini, Christel Vermeersch, Susan Walker, Susan M. Chang and Sally Grantham-McGregor, 'Labor market returns to an early childhood stimulation intervention in Jamaica', *Science* 344, 30 May 2014, pp. 998–1001.

23 越来越多的证据中的主要部分表明，参与多种学前项目不仅能强化儿童的入学准备和早期的学校表现（Lynn A. Karoly, Peter W. Greenwood, Susan S. Everingham, Jill Houbé, M. Rebecca Kilburn, C. Peter Rydell, Matthew Sanders and James Chiesa, 'Investing in Our Children: What We Know and Don't Know About the Costs and Benefits of Early Childhood Interventions', RAND Corporation, 1998; Crag T. Ramey and Sharon Landesman Ramey, 'Early intervention and early experience', *American Psychologist* 53:2, 1998, pp. 109–20; Karl R. White, 'Efficacy of Early Intervention', *The Journal of Special Education,* 19: 4 (1985), pp. 401–16），还与很多年后的其他方面有关联，比如矫正教育次数的减少（W. Steven Barnett, 'Long-Term Effects of Early Childhood Programs on Cognitive and School Outcomes', *The Future of Children* 5:3, 1995, pp. 25–50; Karoly et al., 'Investing'; Jack P. Shonkoff and Deborah A. Phillips (editors), *From neurons to neighborhoods: The science of early childhood development*, National Academy Press, 2000）、违法行为的减少（Eliana Garces, Duncan Thomas and Janet Currie, 'Longer-Term Effects of Head Start', *American Economic Review* 92:4, 2002, pp. 999–1012; Arthur J. Reynolds, Judy A. Temple, Dylan L. Robertson and Emily A. Mann, 'Long-term Effects of an Early Childhood Intervention on Educational Achievement and Juvenile Arrest: A 15-Year Follow-up of Low-Income Children in Public Schools,' *Journal of the American Medical Association* 285:18, 2001, pp. 2339–46; L. J. Schweinhart, H. V. Barnes and D. P. Weikart, 'Significant Benefits: The High/Scope Perry Preschool Study

through Age 27', Monographs of the High/Scope Educational Research Foundation 10, High/Scope Press, 1993; Karoly et al., 'Investing')以及受教育程度的提高。Frances A. Campbell, Craig T. Ramey, Elizabeth Pungello, Joseph Sparling and Shari Miller-Johnson, 'Early Childhood Education: Young Adult Outcomes From the Abecedarian Project', *Applied Developmental Science* 6:1, 2002, pp. 42–57; Consortium for Longitudinal Studies (Ed.), *As the twig is bent: Lasting effects of preschool programs*, Erlbaum, 1983; Reynolds et al, 'Long-term Effects'; Schweinhart et al., 'Significant Benefits'; Ramey and Ramey, 'Early Intervention'; Barnett, 'Long-Term Effects' Shonkoff and Phillips, *From neurons to neighborhoods*; Garces, Thomas and Currie, 'Longer-Term Effects'; Reynolds et al., 'Long-term Effects'; Schweinhart et al., 'Significant Benefits'; Campbell et al., 'Early Childhood Education'。

24 Reynolds et al., 'School-Based Early Childhood Education', pp. 360–64. 有趣的是，其他研究发现童年早期教育给女孩带来的好处比男孩多。例如在北卡罗来纳州，研究发现男孩的基准情况往往在父亲更有可能参与照顾以及可用经济资源更多时更好，参阅 Jorge Luis Garcia, James J. Heckman and Anna L. Ziff, 'Gender differences in the benefits of an influential early childhood program', *European Economic Review* 109, 2018, p. 9–22。

25 World Bank, 'World Bank Development Report 2019', p. 75.

26 Ibid.

27 OECD, 'OECD Family database', Organisation for Economic Co-operation and Development, 2019: http://www.oecd.org/els/family/database.htm.

28 World Bank, 'World Bank Development Report 2019', pp. 74–75.

29 Joseph Fishkin, *Bottlenecks: A New Theory of Equal Opportunity*, Oxford University Press, 2014.

30 Canadian Literacy and Learning Network, 'Seven Principles of Adult

Learning', 2014: website, Office of Literacy and Essential Skills, Government of Canada.

31 Malcolm S. Knowles, Elwood F. Holton III and Richard A. Swanson, *The adult learner: The definitive classic in adult education and human resource development*, Elsevier, 2005.

32 World Bank, 'World Bank Development Report 2019'.

33 A. D. Ho, J. Reich, S. Nesterko, D. T. Seaton, T. Mullane, J. Waldo and I. Chuang, 'HarvardX and MITx: The first year of open online courses, Fall 2012–Summer 2013', 2014.

34 David Card, Jochen Kluve and Andrea Weber, 'What Works? A Meta-Analysis of Recent Active Labor Market Program Evaluations', *Journal of the European Economic Association* 16:3, June 2018, pp. 894–93.

35 OECD, *Getting Skills Right: Future Ready Adult Learning Systems*, OECD Publishing, 2019.

36 Ibid.

37 关于不同国家如何分摊成人教育费用的例子，参阅 ibid。

38 Ibid. p. 96.

39 在加强中小型企业的员工培训能力方面，一个好的例子是韩国的一个项目，在该项目中，政府为雇主提供一系列补贴，包括提供财政支持，以聘请外部顾问分析企业培训的需求，提升首席执行官和经理能力，以及支持其成为一家学习型组织。还有其他补贴可以用于组建学习型团体及奖励负责管理这些团体的员工。资金还可以用于为首席执行官以及负责学习活动的员工提供培训。最后的一套补贴让企业参加同行学习活动并分享其建立学习型组织的经验。参阅 OECD, *Getting Skills Right: Engaging low-skilled adults in learning*', OECD Publishing, 2019, p. 20。

40 Archie Hall, 'Shares in Students: Nifty Finance or Indentured Servitude?' *Financial Times*, 12 November 2019.

41   Thomas Piketty, *Capital and Ideology*, Harvard University Press, 2020.

42   为应对收款人对贷款违约的风险以及为适应行政成本，额外的收费是可以增加的。但为使该计划具有吸引力并足以奏效，偿还贷款应当在某一特定收入门槛被达到时开始。

第4章　健康

1   Daniel R. Hogan, Gretchen A. Stevens, Ahmad Reza Hosseinpoor and Ties Boerma, 'Monitoring universal health coverage within the Sustainable Development Goals: development and baseline data for an index of essential health services', *Lancet Global Health* 6, 2018, pp. e152–68.

2   其他估计表明，所有低收入国家的最低医疗支出应为 GDP 的 5%，且每人不得低于 86 美元。参阅 Di Mcintyre, Filip Meheus and John-Arne Røttingen, 'What Level of Domestic Government Health Expenditure Should We Aspire to for Universal Health Coverage', *Health Econ Policy Law* 12:2, 2017, pp. 125–37。

3   WHO, *Global Spending on Health: A World in Transition*, World Health Organisation, 2019.

4   ILO, 'World Social Protection Report 2014/15: Building economic recovery, inclusive development and social justice', International Labour Organisation, 2014.

5   世界卫生大会以协商一致的方式通过了《世界卫生组织全球卫生人员国际招聘行为守则》（WHO Global Code of Practice on the International Recruitment of Health Personnel），但关于该守则执行情况的第一份报告并不乐观。参阅 Allyn L. Taylor and Ibadat S. Dhillon, 'The WHO Global Code of Practice on the International Recruitment of Health Personnel: The Evolution of Global Health Diplomacy', *Global Health*

Governance V:1, fall 2011; Amani Siyam, Pascal Zurn, Otto Christian Rø, Gulin Gedik, Kenneth Ronquillo, Christine Joan Co, Catherine Vaillancourt-Laflamme, Jennifer dela Rosa, Galina Perfilieva and Mario Roberto Dal Poz, 'Monitoring the implementation of the WHO Global Code of Practice on the International Recruitment of Health Personnel', *Bulletin of World Health Organisation* 91:11, 2013, pp. 816–23。

6　Kenneth Arrow, 'Uncertainty and the Welfare Economics of Medical Care', *American Economic Review* 53:5, 1963, pp. 941–73.

7　Ruud Ter Meulen and Hans Maarse, 'Increasing Individual Responsibility in Dutch Health Care: Is Solidarity Losing Ground?' *Journal of Medicine and Philosophy: A Forum for Bioethics and Philosophy of Medicine* 33:3, June 2008, pp. 262–79.

8　五条标准通常用于为公共健康干预提供正当理由:(1)有效性、(2)适当性、(3)必要性、(4)损害最小和(5)公共证成。James F. Childress, Ruth R. Faden, Ruth D. Gaare, Lawrence O. Gostin, Jeffrey Kahn, Richard J. Bonnie, Nancy E. Kass, Anna C. Mastroianni, Jonathan D. Moreno and Phillip Nieburg, 'Public health ethics: mapping the terrain', *Journal of Law Medical Ethics* 30:2, June 2002, pp. 170–78.

9　Ruben Durante, Luigi Guiso and Giorgio Guilino, 'Asocial capital: Culture and Social Distancing during Covid-19', Centre for Economic Policy Research Discussion Paper DP14820, June 2020; John Barrios, Efraim Benmelech, Yael V. Hochberg, Paola Sapienza and Luigi Zingales, 'Civic Capital and Social Distancing during the Covid-19 Pandemic,' National Bureau of Economic Research Working Paper 27320, June 2020; Francesca Borgonovi and Elodie Andrieu, 'The Role of Social Capital in Promoting Social Distancing During the Covid-19 Pandemic in the US', *Vox*, June 2020.

10　马洛尼和塔斯金通过谷歌移动数据发现在政府实行封锁前,美国的餐馆预订量已经大幅减少。William Maloney and Temel Taskin, 'Determinants of Social Distancing and Economic Activity During Covid-19: A Global View', World Bank Policy Research Working Paper 9242, World Bank, May 2020. 关于英国，苏里科等人（2020）发现大部分消费减少发生在实行全国范围内的封锁之前。Paolo Surico, Diego Kanzig and Sinem Hacioglu, 'Consumption in the Time of Covid-19: Evidence from UK Transaction Data', Centre for Economic Policy Research Discussion Paper DP14733, May 2020. 博恩等人（2020）发现瑞典的流动性下降到与实施封锁的国家相当的程度。Benjamin Born, Alexander Dietrich and Gernot Muller, 'The Lockdown Effect: A Counterfactual for Sweden'. Centre for Economic Policy Research Discussion Paper DP 14744, July 2020。

11 关于医疗体系的组织方式有大量文献。有人认为这一体系是否在医疗保健服务的供应上有选择和竞争，比它是公共的还是私有的更加重要。参阅 Julian LeGrand, *The Other Invisible Hand: Delivering Public Services Through Choice and Competition,* Princeton University Press, 2007。

12 Viroj Tangcharoensathien, Anne Mills and Toomas Palu, 'Accelerating health equity: the key role of universal health coverage in the Sustainable Development Goals,' *BMC Medicine*, 2015, pp. 1–5.

13 Marc J. Epstein and Eric G. Bing, 'Delivering Health Care to the Global Poor: Solving the Accessibility Problem', *Innovations: Technology, Governance, Globalization* 6:2, 2011.

14 Reuters, 'Ant Financial Amasses 50 Million Users, Mostly Low Income, in New Health Plan', *Reuters: Technology News*, 12 April 2019. 我非常感谢罗杰·蒙福特让我关注到这个例子。

15 经济合作组织指出，美国现在的预期寿命比经合组织的平均值 80.1 岁至少短一年，而 1970 年时美国的预期寿命比经合组织的平均值长一年。参阅 OECD, 'Life expectancy in the US rising slower than elsewhere, says

新社会契约

OECD', Organisation for Economic Co-operation and Development , 2013, p.1。关于美国预期寿命缩短，参阅 Ann Case and Angus Deaton, *Deaths of Despair and the Future of Capitalism*, Princeton University Press, 2020。

16 Luca Lorenzoni, Alberto Marino, David Morgan and Chris James, 'Health Spending Projections to 2030: New results based on a revised OECD methodology', OECD Health Working Paper 110, 23 May 2019.

17 Aaron Reeves, Yannis Gourtsoyannis, Sanjay Basu, David McCoy, Martin McKee and David Suckler, 'Financing universal health coverage: effects of alternative tax structures on public health systems: cross-national modelling in 89 low-income and middle-income countries', *Lancet* 386:9990, July 2015, pp. 274–80.

18 Claudine de Meijer, Bram Wouterse, Johan Polder and Marc Koopmanschap, 'The effect of population aging on health expenditure growth: a critical review', *European Journal of Ageing* 10:4, 2013, pp. 353–61.

19 Irene Papanicolas, Alberto Marino, Luca Lorenzoni and Ashish Jha, 'Comparison of Health Care Spending by Age in 8 High-Income Countries', JAMA Network Open, 2020.

20 内恩姆和康奈利发现尽管存在这些普遍看法，但大部分医疗开支的增长本质上不是由于人口老龄化，而是由于对新医疗技术需求的增长。人均国内生产总值每 1% 的增长都与人均医疗开支 0.9% 的增长有关。医疗开支增长的主要驱动因素是技术进步，每年占 4%，并且在研究期间每 10 年都会更快地提升。参阅 Son Hong Nghiem and Luke Brian Connelly, 'Convergence and determinants of health expenditures in OECD countries', *Health Economics Review* 7:1, 2017, p. 29。有关收入和保险增加相对于技术的影响的评估，参阅 Sheila Smith, Joseph P. Newhouse and Mark S. Freeland, 'Income, Insurance, and Technology: Why Does Health Spending Outpace Economic Growth?' *Health Affairs* 28:5, 2009, pp. 1276–84.

21 Lorenzoni et al., 'Health Spending Projections to 2020'.

22 这只有仿制药能取得相当的健康疗效时才奏效。关于监管不善导致的仿制药质量问题存在很大争议。参阅 Karen Eban, *Bottle of Lies: The Inside Story of the Generic Drug Boom*, Ecco Press, 2020。

23 有关定价如何影响医疗体系有效性的全面分析，参阅 Sarah L. Barber, Luca Lorenzoni and Paul Ong, 'Price setting and price regulation in health care: lessons for advancing Universal Health Coverage', World Health Organization and the Organisation for Economic Co-operation and Development, 2019。

24 Alex Voorhoeve, Trygve Ottersen and Ole F. Norheim, 'Making fair choices on the path to universal health coverage: a précis,' *Health Economics, Policy and Law*, 2016.

25 McKinsey, *The Social Contract in the 21st Century*, McKinsey Global Institute, 2020.

26 有关发达经济体的情况，参阅 V. G. Paris, G. De Lagasnarie, R. Fujisawa et al., 'How do OECD countries define the basket of goods and services financed collectively', OECD Unpublished Document, 2014。关于发展中国家的医疗技术评估利用案例，参阅 Corinna Sorenson, 'The role of HTA in coverage and pricing decisions', *Euro Observer* 11:1, 2009, pp. 1–4; Leon Bijlmakers, Debjani Mueller, Rabia Kahveci, Yingyao Chen and Gert Jan van der Wilt, 'Integrate HTA – A low and middle income perspective', *International Journal of Technology Assessment in Health Care* 33:5, 2017, pp. 599–604。

27 关于评估个人承担某些医疗费用责任的框架，参阅 Gustav Tinghog, Per Carlsson and Carl Lyttkens, 'Individual responsibility for what?-A conceptual framework for exploring the suitability of private financing in a publicly funded health-care system', *Health Economics Policy and Law Journal* 5:2, 2010, pp. 201-23。

新社会契约

28 有关对质量调整寿命年利弊的全面概述，参阅 Emily Jackson, *Medical Law*, Oxford University Press, 2019。

29 Melanie Bertram, Jeremy Lauer, Kees De Joncheere, Tessa Edejer, Raymond Hutubessy, Marie-Paule Kieny and Suzanne Hill, 'Cost–Effectiveness Thresholds: Pros and Cons', *Bulletin of the World Health Organization,* 2016.

30 例如，英国国家卫生与临床优化研究所以每质量调整寿命年 2 万英镑评估可负担性。每质量调整寿命年花费 2 万 ~3 万英镑的治疗被认为在特殊情况下可以接受，比如有病人组的必要。每质量调整寿命年花费超过 3 万英镑的治疗被认为是不可接受的，尽管实践中 4 万英镑是一个临界点，在该点上拒绝的可能性超过 50%。参阅 Jackson, *Medical Law*。

31 Karl Claxton quoted in Robin McKie, 'David Cameron's Flagship Cancer Drugs Fund is a Waste of NHS Cash', *Guardian*, 10 January 2015.

32 John Harris, *The Value of Life*, Routledge, 1985, p. 93; Alan Williams, 'Intergenerational Equity: An Exploration of the "Fair Innings' Argument"', *Health Economics* 6:2, March 1997, pp. 117–32.

33 Norman Daniels, *Just Health Care*, Cambridge University Press, 1985; Ronald Dworkin, *Sovereign Virtue: The Theory and Practice of Equality*, Harvard University Press, 2002.

34 Gwyn Bevan and Lawrence D. Brown, 'The political economy of rationing health care in England and the US: the "accidental logics" of political settlements', *Health Economics, Policy and Law* 9:3, 2014, pp. 273–94.

35 Henry J. Aaron and William B. Schwartz, *The Painful Prescription*, Brookings Institution, 1984.

36 Nina Bernstein, 'With Medicaid, Long-Term Care of Elderly Looms as Rising Cost', *New York Times*, 7 September 2012.

37 Marc Mitchell and Lena Kan, 'Digital Technology and the Future of Health Systems', *Health Systems and Reform* 5:2, pp. 112–20.

38 R. L. Cutler, F. Fernandez-Llimos, M. Frommer et al., 'Economic impact of medication non-adherence by disease groups: a systematic review', *British Medical Journal Open*, 2018.

39 例如，谷歌 Deep Mind 与皇家免费国民医疗服务体系基金信托合作进行的一项诊断和检测急性肾损伤的系统测试被发现在告知患者其数据将作为测试的一部分使用方面，缺乏足够的支配权。Information Commissioner's Office, 'Royal Free-Google Deep Mind Trial Failed to Comply with Data Protection Law', UK Government Information Commissioner, 3 July 2017.

40 例如，世界各地的专家和公民建立起"互联网契约"，以确保数字世界对于所有人都是安全的、授权的并且可以实际访问的。在蒂姆·伯纳斯·李的带领下，该契约为政府、企业、公民社会组织及个人规定了致力于维护数据隐私的原则。参见 contractfortheweb.org。

41 Rebecca Masters, Elspeth Anwar, Brendan Collins, Richard Cookson and Simon Capewell, 'Return on investment of public health interventions: a systematic review', *Journal of Epidemiology and Community Health, British Medical Journals,* 2017.

42 David J. Hunter, *Desperately Seeking Solutions: Rationing Health Care*, Longman, 1997

43 M. Ezzati, S.Vander Hoorn, C. M. M. Lawes, R. Leach, W. P. T. James, A. D. Lopez et al., 'Rethinking the "Diseases of Affluence" Paradigm: Global Patterns of Nutritional Risks in Relation to Economic Development', *PLoS Medicine*, 2005.

44 P. H. M. van Baal, J. J. Polder, G. A. de Wit, R. T. Hoogenveen, T. L. Feenstra, H. C. Boshuizen et al., 'Lifetime Medical Costs of Obesity: Prevention No Cure for Increasing Health Expenditure', *PLoS Medicine*, 2008.

45 Mark Goodchild, Nigar Nargis and Tursan d'Espaignet, 'Global economic cost of smoking-attributable diseases', *Tobacco Control* 27:1, 2018,

pp. 58–64.

46　Lord Darzi, 'Better health and care for all: A 10 Point Plan for the 2020s: Final Report of the Lord Darzi Review of Health and Care', Institute for Public Policy Research, 2018.

47　A. W. Cappelen and O. F. Norheim, 'Responsibility in health care: a liberal egalitarian approach', *Journal of Medical Ethics*, 2005.

48　关于家长式作风和公共健康的详细分析，参阅 L. O. Gostin and K. G. Gostin, 'A broader liberty: J. S. Mill, paternalism and the public's health', *Public Health*, 2009。

49　John Stuart Mill, *On Liberty*, Cambridge University Press, 1859.

50　John Rawls, *A Theory of Justice*, Harvard University Press, 1971; Sen, *Development as Freedom*.

51　David Buchanan, 'Autonomy, Paternalism, and Justice: Ethical Priorities in Public Health', *American Journal of Public Health*, January 2008.

52　U.S. National Cancer Institute and World Health Organisation, *The Economics of Tobacco and Tobacco Control*, National Cancer Institute Tobacco Control Monograph 21, NIH Publication 16–CA-8029A., U.S. Department of Health and Human Services, National Institutes of Health, National Cancer Institute and World Health Organization, 2016.

53　Bundit Sornpaisarn, Kevin Shield, Joanna Cohen, Robert Schwartz and Jürgen Rehm, 'Elasticity of alcohol consumption, alcohol-related harms, and drinking initiation in low- and middle-income countries: A systematic review and metaanalysis', *International Journal of Drug and Alcohol Research* 2:1, 2013, pp. 45–58.

54　L. M. Powell, J. F. Chriqui, T. Khan, R. Wada and F. J. Chaloupka, 'Assessing the potential effectiveness of food and beverage taxes and subsidies for improving public health: a systematic review of prices, demand, and body weight outcomes', *Obesity Reviews* 14:2, 2013, pp.110–28.

55　Michael W. Long, Steven L. Gortmaker, Zachary J. Ward, Stephen C. Resch, Marj L. Moodie, Gary Sacks, Boyd A. Swinburn, Rob C. Carter and Y. Claire Wang, 'Cost-effectiveness of a sugar-sweetened beverage excise tax in the U.S.', *American Journal of Preventive Medicine* 49:1, pp. 112–23.

56　Luz Maria Sánchez-Romero, Joanne Penko, Pamela G. Coxson, Alicia Fernández, Antoinette Mason, Andrew E. Moran, Leticia Ávila-Burgos, Michelle Odden, Simón Barquera and Kirsten Bibbins-Domingo, 'Projected Impact of Mexico's Sugar-Sweetened Beverage Tax Policy on Diabetes and Cardiovascular Disease: A Modeling Study', *PLoS Medicine* 13:11, e1002158; Adam D. M. Briggs, Oliver T. Mytton, Ariane Kehlbacher, Richard Tiffin, Ahmed Elhussein, Mike Rayner, Susan A. Jebb, Tony Blakely and Peter Scarborough, 'Health impact assessment of the UK soft drinks industry levy: a comparative risk assessment modelling study', *Lancet Public Health* 2:1, e15–e22; Ashkan Afshin, Renata Micha, Michael Webb, Simon Capewell, Laurie Whitsel, Adolfo Rubinstein, Dorairaj Prabhakaran, Marc Suhrcke and Dariush Mozaffarian, 'Effectiveness of Dietary Policies to Reduce Noncommunicable Diseases', in Dorairaj Prabhakaran, Shuchi Anand, Thomas A Gaziano, Jean-Claude Mbanya, Yangfeng Wu and Rachel Nugent (editors), *Disease Control Priorities*, 3rd edition, World Bank, 2017.

57　额外收入中的 20 万亿美元被按照当前的贴现价值计算。The Task Force on Fiscal Policy for Health, *Health Taxes to Save Lives: Employing Effective Excise Taxes on Tobacco, Alcohol and Sugary Beverages*, Bloomberg Philanthropies, April 2019。

58　Dawn Wilson, Kate Lorig, William M. P. Klein, William Riley, Allison Sweeney and Alan Christensen, 'Efficacy and Cost-Effectiveness of Behavioral Interventions in Nonclinical Settings for Improving Health

Outcomes', *Health Psychology* 38:8, 2019, pp. 689–700.

59 Emma Beard, Robert West, Fabiana Lorencatto, Ben Gardner, Susan Michie, Lesley Owens and Lion Shahab, 'What do cost effective health behaviour-change interventions contain? A comparison of six domains', *PLoS One,* 14:4, 2019.

60 这个术语出自《助推》（*Nudge*）这本有影响力的书，该书介绍的是基于非家长式做法改变行为。例如，助推依赖的是把健康食品放在购物者最容易拿到的地方，把糖类放在不容易拿到的地方，而不是控制食品的含糖量。正如桑斯坦和塞勒所言，"干预必须能很容易且很经济地被避免时才算作纯粹的助推。助推不是强制性手段。将水果放在目光所及之处算是助推。禁止垃圾食品不算助推。"参阅 Richard Thaler and Cass Sunstein, *Nudge*, Yale University Press, 2008。

61 Chris Perry, Krishna Chhatralia, Dom Damesick, Sylvie Hobden and Leanora Volpe, 'Behavioral Insights in Health Care: Nudging to Reduce Inefficiency and Waste', The Health Fund, December 2015.

62 Michael Marmot and Richardson G. Wilkinson, *Social Determinants of Health*, Oxford University Press, 1999; Richardson G. Wilkinson, *The Impact of Inequality: How to Make Sick Societies Healthier*, W. W. Norton, 2005.

63 Michael Marmot and Jessica Allen, 'Social Determinants of Health Equity', *American Journal of Public Health*, September 2014.

第 5 章 工作

1 有关在工厂倒闭后，社区在创造就业方面做得不怎么成功时会发生什么情况的全面描述，参阅 Goldstein, *Janesville*。

2 Paul Collier, *The Future of Capitalism: Facing the New Anxieties*, Allen

Lane, 2018. 在新冠肺炎大流行期间增加的远程办公有可能改变工作的地理分布，并且使工作地点不受限制成为可能。这或许会缩小一些国家的地区差距，但现在下结论还为时过早。

3 撒哈拉以南非洲的非正规就业超过劳动力市场的 70%；在南亚是 60%，在拉丁美洲是 50%。参阅 World Bank, 'World Development Report: The Changing Nature of Work'。

4 有偿的兼职工作是 2000—2018 年整体就业增加的主要驱动因素。21 个国家中有 18 个国家的兼职工作在就业中的占比增大，平均提高了 4.1 个百分点，相当于 2 900 万个就业岗位，而全职工作的占比下降了 1.4 个百分点。参阅 McKinsey, *The Social Contract*。

5 自 2006 年以来，经合组织范围内的平均工作稳定性（以在当前工作中所花的时间来衡量）在很多国家有所提高。但是，这是由老年劳动者占比增加带来的结构效应，这些老年劳动者往往有更长的工作期限。一旦将这种劳动力构成的变化考虑在内，工作期限实际上在大多数国家有所下降。参阅 OECD, *OECD Employment Outlook: The Future of Work*。

6 Franz Eiffe, Agnès Parent-Thirion and Isabella Biletta, *Working Conditions: Does employment status matter for job quality?* Eurofound, Publications Office of the European Union, 2018.

7 Vinny Kuntz, 'Germany's two-tier labour market,' *Handelsblatt Today*, 9 December 2016; Nathan Hudson-Sharp and Johnny Runge, *International trends in insecure work: A report for the Trades Union Congress*, National Institute of Economic and Social Research, May 2017.

8 Nikhil Datta, Giulia Giupponi and Stephen Machin, 'Zero Hours Contracts', *Economic Policy*, July 2019.

9 Lawrence F. Katz and Alan B. Krueger, 'The rise and nature of alternative work arrangements in the United States, 1995–2015', *ILR Review* 72:2, March 2019, pp. 382–416.

10 TitoBoeri, GiuliaGiupponi, AlanB. Krueger, and Stephen Machin, 'Solo Self-Employment and Alternative Work Arrangements: ACross-Country Perspectiveonthe Changing Composition of Jobs', *Journal of Economic Perspectives* 34:1 , Winter 2020.

11 Jelle Visser, 'Can Unions Revitalise Themselves?' *International Journal of Labour Research* 9:1–2, 2019, pp. 17–48.

12 International Labour Organization, 'Industrial relations data', *ILOSTAT database*, 2020, https://ilostat.ilo.org/data .

13 Truman Packard, Ugo Gentilini, Margaret Grosh, Philip O'Keefe, Robert Palacios, David Robalino and Indhira Santos, *Protecting All: Risk Sharing for a Diverse and Diversifying World of Work*, Human Development Perspectives, World Bank, p. 143.

14 哥伦比亚大学的一项研究发现，在德国 1982 年经济衰退期间下岗的员工在 15 年后比之前没下岗的员工收入少 10%~15%。这一数字在美国是 15%~20%。纽约州立大学的一项研究发现，下岗员工在下岗后出现新的健康状况问题的概率比没下岗员工高 83%，而其他研究发现失业者的预期寿命会缩短。曼彻斯特大学研究发现，英国的下岗员工信任他人的可能性比没下岗员工低 4.5%，这一影响会持续到 10 年以后。这些研究被引用于 McKinsey, *The Social Contract*, p. 59。

15 威斯康星大学麦迪逊分校和南卡罗来纳大学的一项研究发现，影响 1% 员工的裁员行为导致首次裁员后的自愿离职率平均增加了 31%。斯德哥尔摩大学和坎特伯雷大学发现免于下岗的员工的工作满意度下降了 41%，工作忠诚度下降了 36%，工作业绩下降了 20%。参阅 McKinsey, *The Social Contract*, p. 59; Johannes F. Schmieder, Till von Wachter and Stefan Bender, *The long-term impact of job displacement in Germany during the 1982 recession on earnings, income, and employment*, Columbia University Department of Economics Discussion Paper 0910–07, 2010; Kate W. Strully, 'Job loss and health in the US labor market', *Demography* 46:2,

May 2009, pp. 221–46; James Lawrence, '(Dis)placing trust: The long-term effects of job displacement on generalized trust over the adult life course', *Social Science Research* 50, March 2015, pp. 46–59; Jena McGregor, 'Getting laid off can make people less trusting for years', *Washington Post*, 19 March 2015; Charlie O. Trevor and Anthony J. Nyberg, 'Keeping your headcount when all about you are losing theirs: Downsizing, voluntary turnover rates, and the moderating role of HR practices', *Academy of Management Journal* 51:2, April 2008, pp. 259–76; Sandra J. Sucher and Shalene Gupta, 'Layoffs that don't break your company', *Harvard Business Review*, May–June 2018.

16 McKinsey, *The Social Contract.*

17 European Commission, 'Study on employment and working conditions of aircrews in the European internal aviation market', European Commission, 2019.

18 Richard Susskind and Daniel Susskind, *The Future of the Professions: How Technology Will Transform the World of Human Experts*, Oxford University Press, 2015.

19 Herbert Simon, 'Automation', *New York Review of Books*, 26 May 1966.

20 Martin Sandbu, *The Economics of Belonging*, Princeton University Press, 2020.

21 90% 以上的国际劳工组织成员国有一种或多种根据法律设定或通过与工会谈判设定的最低工资。参阅 ILO, *Minimum Wage Policy Guide*, International Labour Organisation, 2016。

22 Frank Pega, Sze Yan Liu, Stefan Walter, Roman Pabayo, Ruhi Saith and Stefan K Lhachimi, 'Unconditional cash transfers for reducing poverty and vulnerabilities: effect on use of health services and health outcomes in low-and middle-income countries', *Cochrane Database of Systematic Reviews* 11, 2017; Independent Commission for Aid Impact, *The Effects*

of DFID's Cash Transfer Programmes on Poverty and Vulnerability: An Impact Review, Independent Commission for Aid Impact, 2017; Francesca Bastagli, Jessica Hagen-Zanker, Luke Harman, Valentina Barca, Georgina Sturge and Tanja Schmidt, with Luca Pellerano, 'Cash transfers: what does the evidence say? A rigorous review of programme impact and of the role of design and implementation features', Overseas Development Institute, July 2016。

23 Guy Standing, *Basic Income: And How We Can Make it Happen*, Pelican Books, 2017.

24 Anna Coote and Edanur Yazici, *Universal Basic Income: A Union Perspective,* Public Services International and the New Economics Foundation, April 2019.

25 Sigal Samuel, 'Everywhere Basic Income has been Tried in One Map: Which Countries Have Experimented with Basic Income and What were the results?' *Vox*, 19 February 2020.

26 国际货币基金组织估计选定国家的成本为 GDP 的 3%~6%。参阅 IMF, *Fiscal Monitor: Tackling Inequality*, International Monetary Fund, October 2017。

27 Dominique Guillaume, Roman Zytek and Mohammad Reza Farzin, 'Iran— The Chronicles of the Subsidy Reform', Working Paper, IMF Middle East and Central Asia Department, July 2011.

28 Thomas Piketty, *Capital and Ideology*, Harvard University Press, 2020. In the US Ackerman and Alstott argued for a capital grant of $80,000 at the age of 21, see Bruce Ackermann and Anne Alstott, *The Stakeholder Society*, Yale University Press, 1999.

29 O. Bandiera, R. Burgess, N. Das, S. Gulesci, I. Rasul and M Sulaiman, 'Labor Markets and Poverty in Village Economies', *Quarterly Journal of Economics* 132:2, 2017, pp. 811–70.

30　Mosely B. Ingham, 'The Fundamental Cure for Poverty is Not Money But Knowledge: Lewis's Legacy', in *Sir Arthur Lewis*, Great Thinkers in Economics Series, Macmillan, 2013.

31　Brian Bell, Mihai Codreanu and Stephen Machin, 'What can previous recessions tell us about the Covid-19 downturn?' Paper 007, Centre for Economic Performance, London School of Economics, August 2020.Shania Bhalotia, Swati Dhingra and Fjolla Kondirolli, 'City of Dreams no More: The Impact of Covid-19 on Urban Workers in India', Centre for Economic Performance, London School of Economics, September 2020. Jack Blundell and Stephen Machin, 'Self-employment in the Covid-19 crisis', Centre for Economic Performance, London School of Economics, May 2020.

32　'Why so Many Dutch People World Part-time', *The Economist*, 11 May 2015.

33　Matthew Taylor, Greg Marsh, Diane Nicol and Paul Broadbent, *Good Work: The Taylor Review of Modern Working Practices*, Department for Business, Energy and Industrial Strategy, 2018, p. 72.

34　McKinsey, *The Social Contract*.

35　Nikhil Datta, Giulia Giupponi and Stephen Machin, 'Zero Hours Contracts and Labour Market Policy', *Economic Policy* 34:99, July 2019, pp. 369–427.

36　Tito Boeri, Giulia Giupponi, Alan B. Krueger and Stephen Machin, 'Solo Self-Employment and Alternative Work Arrangements: A Cross-Country Perspective on the Changing Composition of Jobs', *Journal of Economic Perspectives*, winter 2020.

37　Taylor et al., *Good Work*.

38　Larry Fink, 'Profit & Purpose: Larry Fink's 2019 Letter to CEOs', *BlackRock*, 2019; Colin Mayer, *Principles for Purposeful Business*, British Academy, 2019.

39　Dani Rodrik and Charles Sabel, 'Building a Good Jobs Economy',

HKS Working Paper RWP20–001, November 2019; Paul Osterman, 'In Search of the High Road: Meaning and Evidence', *International Labour Review* 71:1, 2018, pp. 3–34.

40   Kurt Vandaele, 'Will trade unions survive in the platform economy? Emerging patterns of platform workers' collective voice and representation in Europe', ETUI Working Paper 2018/5, European Trade Union Institute, 2018.

41   David Card, Jochen Kluve and Andrea Weber, 'What Works? A Meta-Analysis of Recent Active Labor Market Program Evaluations', *Journal of the European Economic Association* 16:3, June 2018, pp. 894–931; John P. Martin, 'Activation and active labour market policies in OECD countries: stylised facts and evidence on their effectiveness', IZA Policy Paper 84, June 2014; Gordon Betcherman, Karina Olivas and Amit Dar, 'Impacts of Active Labour Market Programs: New Evidence from Evaluations', Social Protection Discussion Paper 0402, World Bank, 2004; Amit Dar and Zafiris Tsannatos, 'Active Labour Market Programmes: A Review of the Evidence from Evaluations', Social Protection Discussion Paper 9901, World Bank, 1999.

42   Verónica Escudero, 'Are active labour market policies effective in activating and integrating low-skilled individuals? An international comparison', *IZA Journal of Labour Policy* 7:4, 2018.

43   Thomas Kochan and William Kimball, 'Unions, Worker Voice, and Management Practices: Implications for a High-Productivity, High-Wage Economy,' *RSF: The Russell Sage Foundation Journal of the Social Sciences* 5:5, December 2019.

44   OECD, 'Back to Work: Sweden: Improving the Re-employment Prospects of Displaced Workers', Organisation for Economic Co-operation and Development, 2015. 另外一个成功的例子是 1992 年美国得克萨斯州圣

安东尼奥市的"培训技能促进高质量就业项目"。在 20 世纪 80 年代末，圣安东尼奥市遭到工厂倒闭风波的冲击，这一风波是更广泛的经济混乱即将来临的预兆。被迫离开的工人缺乏从事医疗保健服务业、信息技术行业以及其他行业新增岗位所需的技能。他们有能力从事的服务行业岗位的工资太低，难以支撑一个中产阶层家庭。两个以信仰为基础的组织与该地区的大量西班牙裔人口、当地的社区学院以及雇主合作，利用强大的管理信息系统，开展了提供集中咨询、培训和经济支持的计划。九年后，评估显示参与者的收入比控制组多 10%，而且受到威胁最大的群体得到的好处最大。参阅 Anne Roder and Mark Elliott, *Nine Year Gains: Project QUEST's Continuing Impact*, Economic Mobility Corporation, 2019; Dani Rodrik and Charles Sabel, 'Building a Good Jobs Economy'; Ida Rademacher, Marshall Bear and Maureen Conway, 'Project QUEST: a case study of a sectoral employment development approach', Sectoral Employment Development Learning Project Case Studies Series, Economic Opportunities Program, Aspen Institute, 2001。

45 OECD, 'Getting Skills Right: Engaging low skilled adults in learning', Organisation for Economic Co-operation and Development, 2019; OECD, 'Back to Work: Sweden'; Eurofound, *Working Conditions: Does employment status matter for job quality?*

46 Danish Government, *Prepared for the future of work: Follow-up on the Danish Disruption Council*, Danish Government, February 2019.

47 OECD, Back to Work: Improving the Reemployment Prospects of Displaced Workers, OECD, 2016.

48 Erik Brynjolfsson and Paul Milgrom, 'Complementarity in Organizations', in Robert Gibbons and John Roberts (editors), *The Handbook of Organizational Economics*, Princeton University Press, 2012.

49 Lorin Hitt and Prasanna Tambe, 'Health Care Information Technology, Work Organisation and Nursing Home Performance,' *ILR Review 69:4*,

March 2016, pp. 834–59.

50 WEF, *Towards a Reskilling Revolution: A Future of Jobs for All*, World Economic Forum, 2019.

第6章 养老

1 如果政策得不到调整，在未来30年内，老龄化压力就会使G20的发达经济体的公共负债占GDP的比例增至180%，使G20的新兴经济体的公共负债占GDP的比例增至130%。或者，到2060年G20成员的税收收入将需要占GDP的4.5~11.5个百分点，才能使公共债务占GDP的比率维持在当前水平。参阅Dorothée Rouzet, Aida Caldera Sánchez, Théodore Renault and Oliver Roehn, 'Fiscal Challenges and Inclusive Growth in Ageing Societies', OECD Economic Policy Paper 27, September 2019。

2 有些国家用私人出资的强制固定缴款计划替代了公共的现收现付制固定收益计划，比如智利和墨西哥分别在1981年和1997年的做法。最近，作为对其公共养老金计划的补充，爱沙尼亚、匈牙利、波兰、斯洛伐克共和国和瑞典推出私人出资的强制固定缴款计划或提高了为其出资的缴款比例。在荷兰，对养老金规则的连续调整使得受资助的固定收益计划更像一个混合系统。在其他国家，比如美国，固定收益计划在职业养老金中的比例逐渐减小，而固定缴款计划的比例逐渐增大。OECD, *Pensions at a Glance 2019: OECD and G20 Indicators*, Organisation for Economic Co-operation and Development, 2019.

3 例如，改革涵盖了提高缴款比例（加拿大、英国）、缩减福利或限制养老金对通胀的指数（阿根廷、希腊）、将养老金与预期寿命挂钩（日本）、延长退休年龄（印度尼西亚、俄罗斯、英国），以及减少提前退休的选择。关于其他例子，参阅Rouzet et al., 'Fiscal Challenges'。

4　Friedrich Breyer and Ben Craig, 'Voting on Social Security: Evidence from OECD Countries,' *European Journal of Political Economy* 13:4, 1997, pp. 705–24.

5　See Box 2 in Rouzet et al., 'Fiscal Challenges', p. 29.

6　Rouzet et al., 'Fiscal Challenges'.

7　据经合组织估计，如果在 2015—2060 年将退休年龄延长三岁——预计到那时，65 岁的预期寿命将平均增长 4.2 年——受教育程度较低的退休人员的总养老金福利将相对受教育程度较高的群体减少 2.2%。参阅 OECD, *Preventing Ageing Unequally*, Organisation for Economic Co-operation and Development, 2017, p.41。

8　经合组织指出："考虑到预期寿命的社会经济差异的养老金政策措施会瞄准效益公式（对低收入给予更高的应计利率，正如葡萄牙所采用的做法）、缴款比例（随收入增长而增长，正如巴西所采用的做法），或者为缴款而不是养老金资格设置更高的工资天花板。在华盛顿计划中，将资产转换为养老金福利的年金系数可以设定为低养老金收入（平均死亡时间较早）人群的养老金有所增加，而高养老金收入（平均死亡时间较晚）人群的养老金将获得较低的福利。英国是少有的例子，采取私人"增强型年金"的做法：对于具有某些与预期寿命较低相关的健康或行为因素的人，如在社会经济地位较低的群体中更为普遍的吸烟、肥胖或心血管疾病，为相同的累积养老金资产支付较高的年金。"经合组织呼吁社会经济团体提供更准确的死亡率数据，以便为健康风险较高的人提供更高的福利。不过，"奖励"风险行为的计划应该谨慎设计。参阅 OECD, *Preventing Ageing Unequally*, p. 59。

9　Nicholas Barr, 'Gender and Family: Conceptual Overview,' World Bank Discussion Paper 1916, April 2019.

10　Richard H. Thaler and Shlomo Benartzi, 'Save More Tomorrow™: Using Behavioral Economics to Increase Employee Saving', *Journal of Political Economy* 112:S1, 2004, S164–S187.

11 关于这些问题的详细综述，参阅 OECD *Preventing Ageing Unequally*。

12 日本在所得税体系中实行抑制女性工作的配偶扣除。参阅 Randall S. Jones and Haruki Seitani, 'Labour Market Reform in Japan to Cope with a Shrinking and Ageing Population', Economics Department Working Paper 1568, Organisation for Economic Co-operation and Development, 2019; 'Japan: Selected Issues', IMF Country Report 17/243, IMF Asia Pacific Department, 2017, IMF International Monetary Fund, Organisation for Economic Co-operation and Development。

13 Rouzet et al., 'Fiscal Challenges'.

14 Asli Demirguc-Kunt, Leora Klapper, Dorothe Singer, Saniya Ansar and Richard Jake Hess, *The Global Findex Database 2017: Measuring Financial Inclusion and the Fintech Revolution*, World Bank Group, 2018.

15 Merve Akbas, Dan Ariely, David A. Robalino and Michael Weber, 'How to Help the Poor to Save a Bit: Evidence from a Field Experiment in Kenya', IZA Discussion Paper 10024, IZA, 2016.

16 Kevin Wesbroom, David Hardern, Matthew Arends and Andy Harding, 'The Case for Collective DC: A new opportunity for UK pensions', White Paper, Aon Hewitt, November 2013.

17 在美国，只有 40% 左右的雇主提供灵活的时间安排，而在欧洲，将近 80% 的 55 岁以上人群指出，缺乏通过减少工作时长逐步退休的机会是突然完全停止工作的一个重要原因。参阅 Rouzet et al., 'Fiscal Challenges', p. 49。

18 例如，德国发放工资和培训费用补贴，以此鼓励企业培训低技能和 45 岁以上的员工。澳大利亚正在扩大对 50 岁以上工人的技能评估和指导。韩国为 40 岁以上员工、非正式员工，以及愿意主动进行培训的中小型企业发放代金券，其用于购买经认可的培训课程。Rouzet et al., 'Fiscal Challenges', p. 42。

19 Lindsay Flynn and Herman Mark Schwartz, 'No Exit: Social Reproduction

in an Era of Rising Income Inequality,' *Politics & Society* 45:4, 2017, pp. 471–503.

20 OECD, *Preventing Ageing Unequally*.

21 Kaare Christensen, Gabriele Doblhammer, Roland Rau and James W Vaupel, 'Ageing Populations: The Challenges Ahead,' *Lancet* 374:9696, 2009, pp. 1196–208.

22 动态平衡的假设与曼顿有关，该假设假定增加的预期寿命等于没有残疾或健康较好的增加年数。参阅 Kenneth G. Manton, 'Changing Concepts of Morbidity and Mortality in the Elderly Population', *Milbank Memorial Fund Quarterly, Health and Society* 60:2, 1982, pp. 183–244。林德伦的一篇综述发现，高收入国家的经验往往支持健康地老去这一假设。参阅 Bjorn Lindgren, 'The Rise in Life Expectancy, Health Trends among the Elderly, and the Demand for Care – A Selected Literature Review', NBER Working Papers 22521, National Bureau of Economic Research, 2016。

23 即使是为需求较低的人提供护理，对养老金领取者的可支配收入而言，费用也非常高。在能得到数据的 13 个经合组织成员国中，每周 6.5 个小时的专业护理平均花费 65 岁以上人群可支配收入中位数的一半。那些有更多需求的人——相当于每周 40 多个小时的护理——将花费老年人可支配收入中位数的 3 倍。在有严重需求的情况下，机构养老可能更便宜，但即便如此，也会花费老年人可支配收入中位数的两倍多。只有最富有的老年人才能用收入支付一般程度的需求。每周 22.5 个小时专业护理的家庭护理费用相当于收入分配第 80 百分位人群可支配收入的 96%，是第 20 百分位人群可支配收入的两倍以上。参阅 OECD, *Preventing Ageing Unequally*, p. 239。

24 关于英国社会养老服务因独立于医疗保健服务而效率低下的解释，参阅 Ruth Thorlby, Anna Starling, Catherine Broadbent and Toby Watt, 'What's the Problem with Social Care and Why Do We Need to Do

Better?'Health Foundation, Institute for Fiscal Studies, King's Fund and Nuffield Trust, 2018。

25   Du Peng, 'Long-term Care of Older Persons in China', SDD-SPPS Project Working Paper Series, United Nations Economic and Social Commission for Asia and the Pacific, 2015.

26   Tineke Fokkema, Jenny De Jong Gierveld and Peal A. Dykstra, 'Cross-national Differences in Older Adult Loneliness,' *Journal of Psychology* 146:1–2, 2012, pp. 201–28.

27   2013 年，在社会保障水平较低的国家（对长期护理的公共支出少于 GDP 1% 的国家），50 岁及以上女性提供日常非正规照顾服务的概率比同龄男性大 41%。在社会保障水平较高的国家（对长期护理的公共支出超过 GDP 2% 的国家），这一概率只有 23%。参阅 OECD, *Preventing Ageing Unequally*, p. 246。

28   非正规护理人员的精神健康问题比其他人多 20%，并且更有可能放弃工作或减少工作时长。参阅 OECD, *Help Wanted? Providing and Paying for Long-Term Care,* OECD Publishing, 2011。这些费用不成比例地由女性负担，她们在经合组织成员国的非正规护理人员中占 55%~70%。参阅 OECD, *Health at a Glance 2015: OECD Indicators*, OECD Publishing, 2015。

29   Duncan Jeffries, 'Are Carebots the solution to the Elderly Care Crisis?' *Hack and Craft*, 13 February 2019.

30   Junko Saito, Maho Haseda, Airi Amemiya, Daisuke Takagi, Katsunori Kondob and Naoki Kondoa, 'Community-based care for healthy ageing: lessons from Japan', *Bulletin of the World Health Organisation* 97:8, 2019, pp. 570–74.

31   Claire McNeil and Jack Hunter, *The Generation Strain: Collective Solutions to Care in an Ageing Society*, Institute for Public Policy Research, April 2014.

32   关于这些问题的详细讨论，参阅 Atul Gawande, *Being Mortal: Illness,*

Medicine and What Matters in the End, Profile Books, 2015。

33　Eric B. French, Jeremy McCauley, Maria Aragon, Pieter Bakx, Martin Chalkley, Stacey H. Chen, Bent J. Christensen, Hongwei Chuang, Aurelie Côté-Sergent, Mariacristina De Nardi, Elliott Fan, Damien Échevin, Pierre-Yves Geoffard, Christelle Gastaldi-Ménager, Mette Gørtz, Yoko Ibuka, John B. Jones, Malene Kallestrup-Lamb, Martin Karlsson, Tobias J. Klein, Grégoire de Lagasnerie, Pierre-Carl Michaud, Owen O'Donnell, Nigel Rice, Jonathan S. Skinner, Eddy van Doorslaer, Nicolas R. Ziebarth and Elaine Kelly, 'End-Of-Life Medical Spending In Last Twelve Months Of Life Is Lower Than Previously Reported', *Health Affairs* 36:7, 2017, pp. 1211–21.

34　Deborah Carr and Elizabeth A. Luth, 'Well-Being at the End of Life', *Annual Review of Sociology* 45, 2019, pp. 515–34.

35　2011—2016 年发表的一份基于近 80 万名采访对象的 150 项研究报告显示，只有 37% 的美国成年人完成了提前指示。参阅 Kuldeep N. Yadav, Nicole B. Gabler, Elizabeth Cooney, Saida Kent, Jennifer Kim, Nicole Herbst, Adjoa Mante, Scott D. Halpern and Katherine R. Courtright, 'Approximately One in Three US Adults Completes Any Type of Advance Directive For End-Of-Life-Care', *Health Affairs (Milwood)* 36:7, 2017, pp. 1244–51。然而，在 65 岁及以上成年人、患有不治之症的人以及近期死亡的人中，这一比率高达 70%。参阅 Deborah Carr and Sara M. Moorman, 'End-of-Life Treatment Preferences Among Older Adults: An Assessment of Psychosocial Influences', *Sociological Forum* 24:4, December 2009, pp. 754–78; Maria J. Silveira, Scott Y. H. Kim and Kenneth M. Langa, 'Advance Directives and Outcomes of Surrogate Decision Making before Death', *New England Journal of Medicine* 362, 2010, pp. 1211–18。

36　Benedict Clements, Kamil Dybczak, Vitor Gaspar, Sanjeev Gupta and Mauricio Soto, 'The Fiscal Consequences of Shrinking Populations', IMF

新社会契约

Staff Discussion Note, October 2015.

37　Noëmie Lisack, Rana Sajedi and Gregory Thwaites, 'Demographic trends and the real interest rate', Staff Working Paper 701, Bank of England, December 2017; Carlos Carvalho, Andrea Ferrero and Fernanda Nechio, 'Demographics and real interest rates: Inspecting the mechanism', *European Economic Review* 88, September 2016, pp. 208–26.

38　Takako Tsutsi and Naoko Muramatsu, 'Care-Needs Certification in the Long-Term Care Insurance System of Japan', *Journal of American Geriatrics Society* 53:3, 2005, pp. 522–27.

39　OECD, *Preventing Ageing Unequally.*

40　关于这些问题的很好的阐述，参阅 Andrew Dilnot, 'Final Report on the Commission on Funding of Care and Support', UK Government, 2010。

第7章　代际问题

1　社会契约还有另一个方面，涉及我们由于过去的错误而对前几代人造成亏欠以及对其后代做出补偿的必要性。典型的例子有，有关补偿奴隶制度（的受害者）以及归还在殖民主义下或战争中获得的财富的辩论。尽管这不在这本书讨论的范围内，但有越来越多的人赞成，对这些问题做出回应，重要的是保持透明度和开放性。

2　古代美索不达米亚的《汉穆拉比法典》允许债务人为解决债务将一名家庭成员抵押给债权人，其为债权人工作的时间最长可达三年。封建时期的英格兰《大宪章》表明父母的债务可以由子女继承。尽管是非法的，但南亚部分地区仍然存在用童工做担保来解决债务的做法。

3　平均而言，经合组织成员国 60~64 岁老龄人口的收入增幅比 30~34 岁人口的收入增幅累计多 13%。大多数经合组织成员国的贫困危机自 20 世纪 80 年代中叶就已经从老龄群体转移至年轻群体。除了受 2008

年金融危机冲击最严重的国家，其他国家领取养老金的人都相对而言得到了保护。尽管如此，那些超过 75 岁的人仍然最容易陷入贫困。OECD, *Preventing Ageing Unequally.*

4　Fahmida Rahman and Daniel Tomlinson, *Cross Countries: International Comparisons of Intergeneration Trends*, Intergenerational Commission Report, Resolution Foundation, 2017. For a wider discussion of intergenerational issues in the UK, see David Willets, *The Pinch: How the Baby Boomers Took Their Children's Future – And Why They Should Give It Back*, Atlantic Books, 2010.

5　我将重点关注政府债务，因为政府债务是由社会共同承担的，必须通过未来的税收进行偿还。家庭、企业和金融部门的债务是由私人个体和企业承担的，（至少从理论上）是他们的责任。当然，发生公共援助时，那些私人债务可以成为社会的负担。

6　Intergovernmental Panel on Climate Change, *Special Report: Global Warming of 1.5°C*, United Nations, 2018.

7　Partha Dasgupta, *The Dasgupta Review: Independent Review of the Economics of Biodiversity*, Interim Report, Her Majesty's Treasury, UK Government, April 2020.

8　Shunsuke Managi and Pushpam Kumar, *Inclusive Wealth Report 2018: Measuring Progress Towards Sustainability*, Routledge, 2018.

9　Dasgupta, *The Dasgupta Review*, Box 2A.

10　World Commission on Environment and Development, *Our Common Future*, Oxford University Press, 1987.

11　Robert M. Solow, 'Sustainability: An Economist's Perspective', J. Seward Johnson Lecture, Woods Hole Oceanographic Institution, 1991.

12　有关这些辩论的有益总结，参阅 Chapter 6 in Nicholas Stern, *Why are We Waiting? The Logic, Urgency, and Promise of Tackling Climate Change*, MIT Press, 2015. Also see Axel Gosseries, 'Theories of intergenerational justice: a synopsis', *Surveys and Perspectives Integrating Environment and Society* 1:1, May 2008。

13 有关这场辩论有多么激烈，参阅 William D. Nordhaus, 'A Review of the Stern Review on the Economics of Climate Change', *Journal of Economic Literature* 45:3, September 2007, pp. 686–702; Graciela Chichilnisky, Peter J. Hammond and Nicholas Stern, 'Fundamental utilitarianism and intergenerational equity with extinction discounting', *Social Choice and Welfare* 54, 2020, pp. 397–427。人们一致认为，需要有一些正时间偏好率来考虑灭绝风险。

14 Walter Mischel and Ebbe B. Ebbesen, 'Attention In Delay Of Gratification', *Journal of Personality and Social Psychology* 16:2, 1970, pp. 329–37. 之后还有大量分析，其针对是否存在其他因素，比如家庭生活收入，能决定儿童行为差异。

15 Lewis Carroll, *Through the Looking Glass*, Macmillan, 1871.

16 J. M. Keynes, 'Economic Possibilities for Our Grandchildren', in J. M. Keynes, *Essays in Persuasion*. Palgrave Macmillan, 2010.

17 Tjalling Koopmans, 'Stationary Ordinary Utility and Impatience,' *Econometrica* 28:7, 1960, pp. 287–309; Tjalling Koopmans, 'On the Concept of Optimal Economic Growth', *Pontificiae Academiae Scientiarum Scipta Varia* 28, reprinted in Tjalling Koopmans, *The Econometric Approach to Development Planning*, North Holland, 1966; Tjalling Koopmans, 'Objectives, Constraints, and Outcomes in Optimal Growth Models', *Econometrica* 35:1, 1967, pp. 1–15; Tjalling Koopmans, 'Representation of Preference Orderings over Time', in C. B. McGuire and R. Radner (editors), *Decision and Organization*, North Holland, 1972.

18 有关如何精心谋划一项全气候协议的全面论述，参阅 Nicholas Stern, *Why are We Waiting?* MIT Press, 2015。

19 Ishac Diwan and Nemat Shafik, 'Investment, Technology and the Global

Environment: Towards International Agreement in a World of Disparities',
in Patrick Low (editor), *International Trade and the Environment,* World
Bank, 1992.

20 OECD, 'Reforming agricultural subsidies to support biodiversity in
Switzerland', OECD Environment Policy Paper 9, OECD Publishing, 2017;
Andres A. Luis, Michael Thibert, Camilo Lombana Cordoba, Alexander
V. Danilenko, George Joseph and Christian Borga-Vega, 'Doing More
with Less: Smarter Subsidies for Water Supply and Sanitation', World
Bank, 2019; David Coady, Ian Parry, Nghia-Piort Le and Baoping Shang,
'Global fossil fuel subsidies remain large. An update based on country-level
estimates, IMF Working Paper 19:89, International Monetary Fund, 2019.

21 Raffael Jovine, *Light to Life: How Photosynthesis Made and Can Save the
World*, Octopus Publishing Group, 2021.

22 这个估计所基于的是，将用于生物多样性相关活动的国内公共资金
（2015—2017 年年均 678 亿美元），与每年流向生物多样性的 102 亿~232
亿美元的其他资金（例如，来自经济手段、慈善活动以及影响力投
资）相加。参阅 OECD, 'A Comprehensive Overview of Global Biodiversity
Finance', OECD Publishing, 2020。

23 Peter Kareiva, Heather Tallis, Taylor H. Ricketts, Gretchen C. Daily and
Stephen Polaski, *Natural Capital: The Theory and Practice of Mapping
Ecosystem Services*, Oxford University Press, 2011.

24 Ralph Chami, Thomas Cosimano, Connel Fullenkamp and Sena Oztosun,
'Nature's Solution to Climate Change, *Finance and Development*, 56:4,
December 2019, pp. 34–38.

25 Oliver Balch, 'Meet the world's first "minister for future generations"',
Guardian, 2 March 2019, available at: https://www.theguardian.com/
world/2019/mar/02/meet-the-worlds-first-future-generations-commissioner.

26 'Nicholas Stern urges world leaders to invest in sustainable infrastructure

during signing ceremony for Paris Agreement on climate change', Press Release, Grantham Research Institute, 22 April 2016.

27 Cevat Giray Aksoy, Barry Eichengreen and Orkun Saka, 'The Political Scar of Epidemics', *Vox*, 15 June 2020.

28 Achim Goerres, 'Why are older people more likely to vote? The impact of ageing on electoral turnout in Europe', *British Journal of Politics and International Relations* 9:1, 2007, pp. 90–121; Julia Lynch and Mikko Myrskylä, 'Always the third rail? Pension income and policy preferences in European democracies', *Comparative Political Studies* 42:8, 2009, pp. 1068–109; Clara Sabbagh and Pieter Vanhuysse, 'Exploring attitudes towards the welfare state: Students' views in eight democracies', *Journal of Social Policy* 35:4, October 2006, pp. 607–28; Vincenzo Galasso and Paola Profeta, 'How does ageing affect the welfare state?' *European Journal of Political Economy* 23:2, June 2007, pp.554–63; Deborah Fletcher and Lawrence W. Kenny, 'The influence of the elderly on school spending in a median voter framework', *Education Finance and Policy* 3:3, 2008, pp. 283–315.

29 Tim Vlandas, 'Grey power and the Economy: Aging and Inflation Across Advanced Economies', *Comparative Political Studies* 51:4, 2018, pp. 514–52.

30 我非常感谢丹尼尔·皮克让我认识到这一观点。Matthew Weaver, 'Lower voting age to six to tackle bias against the young', *Guardian*, 6 December 2018.

31 YouTube, 'Dianne Feinstein rebuffs young climate activists' call for Green New Deal', 23 February 2019.

第8章　一份新的社会契约

1 John F. Kennedy, Address at Independence Hall, Philadelphia, 4 July 1962.

Excerpt available from John F. Kennedy Presidential Library and Museum: https://www.jfklibrary.org/learn/about-jfk/historic-speeches/address-at-independence-hall.

2　最近，来自 100 个国家的 100 万人于 2020 年 9 月参加了一场线上世界相互依存峰会，一起讨论如何解决共同挑战。参见 www.oneshared.world。

3　Martin Luther King Junior, 'A Christmas Sermon on Peace', Massey Lecture Series, Canadian Broadcast Corporation, 1967. 马丁·路德·金继续详细地解释："你是否曾经停下来想过，如果不依赖世界上的大多数人，你早上就无法出门上班？你早上起床，走到洗手间，伸手取下清洁海绵，它是从一个太平洋岛民那里来到你手中的。你拿起一块香皂，它是从一个法国人那里来到你手中的。然后你走进厨房喝上午的咖啡，它是从一个南美人那里来到你杯子中的。你可能想喝茶，它是从一个中国人那里来到你杯子中的。或者你可能想在早餐时喝热可可，它是从一个西非人那里来到你杯子中的。然后你伸手拿吐司，它是从一个说英语的农民那里来到你手中的，更不用提烘焙师了。在你吃完早餐前，你已经依赖了这个世界上一半以上的人。这就是我们世界的构造方式；这就是其相互关联的性质。我们只有认识到所有现实有着相互关联的构造这一基本事实，才能实现世界和平。"

4　Eric Lonergan and Mark Blyth, *Angrynomics*, Agenda Publishing, 2020; Anne Case and Angus Deaton, *Deaths of Despair and the Future of Capitalism*, Princeton University Press, 2020.

5　美国 1960—2010 年职业分布的趋同能解释通过优化人才配置实现人均总产出增长 20%~40% 的原因。参阅 Chang-Tai Hsieh, Erik Hurst, Charles I. Jones and Peter J. Klenow, 'The Allocation of Talent and U.S. Economic Growth', *Econometrica* 87:5, September 2019, pp. 1439–74。

6　Alex Bell, Raj Chetty, Xavier Jaravel, Neviana Petkova and John Van Reenen 'Who Becomes anInventor in America? The Importance of Exposure to Innovation', CEP Discussion Paper 1519, London School of

Economics, 2017.

7　一个例子是国际劳工组织的未来工作全球委员会，它呼吁政府实施一系列措施以应对就业市场不可预测的变化所带来的挑战。它提出了 10 条建议，其中 7 条如下：（1）提供全民覆盖的劳动保障，能保护基层工人的权益、提供满足基本生活需求的工资、设置最长工作时长并确保安全且健康的工作环境；（2）提供从出生到年老的社会保障，支持人们在整个生命周期内的需求；（3）提供全民享有的终身教育，能促使人们获得技能、再获技能以及提高技能；（4）应对技术变革以促进体面的工作，包括针对数字劳动平台的国际化管理体系；（5）在护理、绿色和农村经济中加大投资；（6）促进两性平等的变革性和可衡量的议程；（7）重塑鼓励长期投资的企业动机。ILO, *Work for a Brighter Future: Global Commission on the Future of Work*, International Labour Organisation, 2019.

8　For an anthropological view on thisphenomenon see David Graeber, *Bullshit Jobs: A Theory*, Allen Lane, 2018.

9　Martin Sandbhu, *The Economics of Belonging*, Princeton University Press, 2020, p. 96.

10　Jaana Remes, James Manyika, Jacques Bughin, Jonathan Woetzel, Jan Mischke and Mekala Krishnan, *Solving the Productivity Puzzle: The role of demand and the promise of digitization*, McKinsey Global Institute, 2018.

11　Robert Gordon, 'US data: Why Has Economic Growth Slowed When Innovation Appears to Be Accelerating?' NBER Working Paper 24554, National Bureau of Economic Research, April 2018.

12　Remes et al., *Solving the Productivity Puzzle*.

13　Jonathan Tepper with Denise Hearn, *The Myth of Capitalism: Monopolies and the Death of Competition*, Wiley, 2018.

14　Thomas Philippon , *The Great Reversal: How America Gave Up on Free Markets*, Belknap Press, 2019.

15 Esteban Ortiz-Ospina, 'Taxation', published online at OurWorldInData. org, 2016.

16 Timothy Besley and Torsten Persson, 'Why Do Developing Countries Tax So Little?' *Journal of Economic Perspectives*, 28:4, 2014, pp. 99–120.

17 World Bank, 'World Development Report: The Changing Nature of Work', pp. 130–36.

18 各个国家在调控工具和公共支出之间有不同的平衡点。麦肯锡发现这些国家可以分为三大类：（1）市场干预程度高、公共支出高的国家，比如奥地利、比利时、法国和斯堪的纳维亚国家；（2）市场干预程度高、公共支出一般的国家，比如德国和荷兰；（3）市场干预程度较低、公共支出也相对低的国家，包括日本、韩国、瑞士、英国和美国。随着时间的推移，所呈现的趋势是，劳动者进入更灵活的劳动力市场，退休福利更不慷慨、调控干预更少，正如第5章中描述的那样。McKinsey, *The Social Contract*。

19 关于最好的再分配方式，比如全民福利还是精准福利，有大量相关文献。有关文献的综述，参阅 D. Gugushvili and T. Laenen, 'Twenty years after Korpi and Palme's "paradox of redistribution": What have we learned so far, and where should we take it from here?' SPSW Working Paper 5, Centre for Sociological Research, KU Leuven, 2019。

20 最高所得税税率在大多数美国这样的国家有所下降，比如在美国，收入最高的1%群体拿走20%的税前收入，而1970年时只有10%。欧洲和日本的收入没那么集中于收入最高的1%群体。皮凯蒂、塞斯和斯坦切娃认为最高税率可以超过80%，并且没有证据显示对富人征收低税能提高生产力或加快经济增长。Thomas Piketty, Emmanuel Saez and Stefanie Stantcheva, 'Taxing the 1 per cent: Why the Top Tax Rate May be Over 80 per cent', *Vox*/Centre for Economic Policy Research, 8 December 2011。

21 Arun Advani, Emma Chamberlain and Andy Summers, 'Is it Time for a

UK Wealth Tax?' Institute for International Inequality, London School of Economics, and Centre for Competitive Advantage in the Global Economy, Warwick University, 2020.

22 Anthony Atkinson, *Inequality*, Harvard University Press, 2015. 实际上，托尼·布莱尔政府在 2005 年成立儿童信托基金时就是基于这一观念，不过政府为每名儿童资助 250 英镑，这比最初计划中构想的少得多。

23 Piketty, *Capital and Ideology*.

24 Fatih Guvenen, Gueorgui Kambourov, Burhanettin Kuruscu, Sergio Ocampo-Diaz and Daphne Chen, 'Use It or Lose It: Efficiency Gains from Wealth Taxation', NBER Working Paper 26284, National Bureau of Economic Research, 2019. 他们认为："在征收财富税的情况下，另一方面，财富水平差不多的企业家不管其生产力如何都支付差不多的税收，这能扩大税基并将税收负担转向生产力低的企业家。进而，生产力高的企业家因财富税减少的税后收益比生产力低的企业家因财富税减少的税后收益少。最终，价格对财富税的一般均衡反应会抑制整体的储蓄动机，但其对重新配置的影响仍然与前两种影响相一致。由此造成的重新配置能增加总的生产力和产出。"

25 James Hansen, 'Environment and Development Challenges: The Imperative of a Carbon Fee and Dividend', in *Oxford Handbook of the Macroeconomics of Global Warming*, Lucas Bernard and Willi Semmler (editors), Oxford University Press, 2015.

26 Sandbhu, *The Economics of Belonging*, p. 186

27 Hansen, 'Environment and Development Challenges'.

28 Hauser Institute for Civil Society, *The global philanthropy report: Perspectives on the global foundation sector*, Harvard University and UBS, 2014.

29 Truman Packard, Ugo Gentillini, Margaret Grosh, Philip O'Keefe, Robert Palacios, David Robalino and Indhira Santos, *Protecting All: Risk*

Sharing for a Diverse and Diversifying World of Work. World Bank, 2019, pp. 180–82.

30   Andrew Summers, 'Taxing wealth: an overview', in *Let's Talk about Tax*, Jonathan Bradshaw (editor), Institute for Fiscal Studies, 2020.

31   OECD, 'Tax Policy Reforms in the OECD', OECD, 2016.

32   Daron Acemoglu and Pascual Restrepo, 'Secular Stagnation? The Effect of Aging on Economic Growth in the Age of Automation', *American Economic Review*, 107, no.5, May 2017, pp. 174–79; Ana Lucia Abeliansky and Klaus Prettner, 'Automation and Demographic Change', GLO Discussion Paper, no. 518, Global Labor Organization, 2020.

33   Daron Acemoglu, Andrea Manera and Pascual Restrepo, 'Does the US Tax Code Favor Automation?' prepared for the Brookings Institution Spring Conference of 2020, 6 April 2020.

34   Packard et al., *Protecting All*, pp. 209–10.

35   Rui Costa, Nikhil Datta, Stephen Machin and Sandra McNally, 'Investing in People: The Case for Human Capital Tax Credits', CEP Industrial Strategy Working Paper, London School of Economics, February 2018.

36   Katarzyna Bilicka, 'Comparing UK Tax Returns of Foreign Multinationals to Matched Domestic Firms', *American Economic Review*, August 2019.

37   Tabby Kinder and Emma Agyemang, 'It is a matter of fairness: Squeezing more tax from multinationals', *Financial Times*, 8 July 2020.

38   Ernesto Crivelli, Ruud A. de Mooij and Michael Keen, 'Base Erosion, Profit Shifting and Developing Countries', IMF Working Paper 15/118, International Monetary Fund, 2015.

39   8.7万亿美元的估值来自祖克曼，而36万亿美元的估值来自亨利。Gabriel Zucman, 'How Corporations and the Wealthy Evade Taxes', *New York Times*, 10 November 2017; James S. Henry, 'Taxing Tax Havens', *Foreign Affairs*, 12 April 2016.

40 Estimates of the potential gains are huge. 对潜在收益的估计值巨大。欧洲大国的公司税收能增加 18%~28%，美国的公司税收能增加 14%（约为 GDP 的 0.5%）。Thomas R. Tørsløv, Ludvig S. Wier and Gabriel Zucman, 'The Missing Profits of Nations', NBER Working Paper 24701, National Bureau of Economic Research, August 2018.

41 OECD, 'OECD Presents outputs of OECD/G20 BEPS Project for discussion at G20 Finance Ministers meeting', OECD, 2015: www.oecd. org/tax/beps-2015–final-reports.htm.

42 See for example the statement on corporate governance from the Business Roundtable, a group of CEOs of major US companies, in August 2019.

43 Colin Mayer, *Prosperity: Better Business Makes the Greater Good*, Oxford University Press, 2019.

44 关于民主国家与独裁主义国家的相对表现有大量文献。Acemoglu et al. survey performance on a range of redistributive policies (Daron Acemoglu, Georgy Egorov and Konstantin Sonin, 'Political Economy in a Changing World', *Journal of Political Economy*, 123:5, July 2015). Harding and Stasavage look at delivery of a range of public services across Africa (Robin Harding and David Stasavage, 'What Democracy Does (and Doesn't Do) for Basic Services: School Fees, School Inputs, and African Elections', *Journal of Politics* 76:1, January 2014). Besley and Kudamatsu find a strong correlation between life expectancy, infant mortality and democracy (Timothy J. Besley and Masayuki Kudamatsu, 'Making Democracy Work', CEPR Discussion Paper DP6371, 2008). This literature is well summarised in Tim Besley, 'State Capacity, Reciprocity and the Social Contract, *Econometrica* 88:4, July 2020.

45 Besley and Kudamatsu, 'Making Democracy Work'.

46 Amartya Sen, *Development as Freedom*.

47 乔治·沃德的分析表明，即使控制了宏观经济指标、个人生活满意度的各种人口统计和党派决定因素，并使用了一些替代规范，主观幸福感仍然是选举结果的一个稳健预测器。这种关系的规模是相当大的：在自我报告的幸福感中，一个标准差的变化与执政联盟所享有的选票份额的大约 8.5 个百分点的波动有关。这与收入增长的影响形成对比，在选举年，经济增长率的一个标准差的变化与政府选票份额的 4.5 个百分点的变化有关，而失业率在一段时间内的一个标准差的变化可以预测出 3.5 个百分点左右的波动。George Ward, 'Is Happiness a Predictor of Election Results?', London School of Economics Centre for Economic Performance Discussion Paper 1343, April 2015.

48 爱沙尼亚自 2005 年就开始采用互联网投票并在投票率及线上投票比例上获得稳步增长。当然存在许多有关欺诈和操纵风险的辩论，但这一制度正在逐步改进。参阅 European Commission, 'EstonianInternet Voting: https://ec.europa.eu/cefdigital/wiki/display/CEFDIGITAL/2019/07/29/Estonian+Internet+voting, 29 July 2019. For a critical view, see Travis Finkenauer, Zakir Durumeric, Jason Kitcat, Harri Hursti, Margaret MacAlpine and J. Alex Halderman, 'Security Analysis of the Estonian Internet Voting System', University of Michigan and Open Rights Group, November 2014。

49 Torben Iversen and David Soskice, 'Democratic limits to redistribution Inclusionary versus Exclusionary Coalitions in the Knowledge Economy', *World Politics* 67:2, April 2015, pp. 185–225.

50 Luis Catao and Maurice Obstfeld (editors), *Meeting Globalization's Challenges: Policies to Make Trade Work for All*, Princeton University Press, 2019, p. 21. Also see their interesting discussion of political ideologies and trade policy on pp. 30–34.

51 Acemoglu and Robinson, *Why Nations Fail*, pp. 96–101.

52 Ibid. pp. 96–123.

53 Michèle Belot, Syngjoo Choi, Egon Tripodi, Eline van den Broek Altenburg, Julian C. Jamison and Nicholas W. Papageorge, 'Unequal consequences

of Covid-19 across age and income: Representative evidence from six countries', *Covid Economics* 38, 16 July 2020, pp. 196–217.

54   Alison Andrew, Sarah Cattan, Monica Costa Dias, Christine Farquharson, Lucy Kraftman, Sonya Krutikova, Angus Phimister and Almudena Sevilla, 'The gendered division of paid and domestic work under lockdown', *Covid Economics* 39, 23 July 2020, pp. 109–38.

55   William Beveridge, *Social Insurance and Allied Services*, His Majesty's Stationary Office, 1942.

图表来源

图 1 此处的"低收入"群体是指在收入分配中处于最底层的 10% 的家庭。经合组织平均值是基于 24 个成员的数据得出。Dorothée Rouzet, Aida Caldera Sánchez, Théodore Renault and Oliver Roehn, 'Fiscal Challenges and Inclusive Growth in Ageing Societies', OECD Economic Policy Paper 27, September 2019: https://doi.org/10.1787/c553d8d2-en.

图 2 Office for Budget Responsibility (OBR), 'Fiscal Sustainability Report', 2018: https://cdn.obr.uk/FSR-July-2018-1.pdf.

图 3 此处所示收入为经购买力平价调整的。Christoph Lakner and Branko Milanovic, 'Global Income Distribution: From the Fall of the Berlin Wall to the Great Recession', *World Bank Economic Review* 30:2, 2016, pp. 203–32.

图 4 该图横轴所示为女性就业人口所占比例,这衡量的是一个国家 15 岁及以上女性人口的就业比例。纵轴所示为用于家庭福利的公共支出占 GDP 的百分比。Sandra Tzvetkova and Esteban Ortiz-Ospina, 'Working women: What determines female labor force participation?', 2017: https://ourworldindata.org/women-in-the-labor-force-determinants. Data derived from OECD, *Society at a Glance*, OECD Publishing, 2019:

https://data.oecd.org/socialexp/family-benefits-public-spending.htm; International Labour Organization, ILOSTAT database, data retrieved in September 2018; Gapminder, HYDE, 2016, and United Nations Population Division, 2019: https://www.gapminder.org/data/documentation/gd003/.

图 5　OECD, *Getting Skills Right: Future Ready Adult Learning Systems*, OECD Publishing, 2019: https://doi.org//10.1787/9789264311756-en.

图 6　OECD, *Getting Skills Right: Future Ready Adult Learning Systems*, OECD Publishing, 2019: https://doi.org//10.1787/9789264311756-en.

图 7　OECD, *Health at a Glance 2015: OECD Indicators*, OECD Publishing, 2015: https://doi.org/10.1787/4dd50c09-en .

图 8　Irene Papanicolas, Alberto Marino, Luca Lorenzoni and Ashish Jha, 'Comparison of Health Care Spending by Age in 8 High-Income Countries', JAMA Network Open, 2020, e2014688: https://doi:10.1001/jamanetworkopen.2020.14688.

图 9　Truman Packard, Ugo Gentillini, Margaret Grosh, Philip O'Keefe, Robert Palacios, David Robalino and Indhira Santos, *Protecting All: Risk Sharing for a Diverse and Diversifying World of Work*, World Bank, 2019: https://doi:10.1596/9781-4648-1427-3. Used under CC BY 3.0 IGO.

图 10　OECD, *Health at a Glance 2019: OECD Indicators*, OECD Publishing, 2019: https://doi.org/10.1787/4dd50c09-en.

图 11　OECD, *Health at a Glance 2019: OECD Indicators*, OECD Publishing, 2019: https://doi.org/10.1787/4dd50c09-en.

图 12　Dorothée Rouzet, Aida Caldera Sánchez, Théodore Renault and Oliver Roehn, 'Fiscal Challenges and Inclusive Growth in Ageing Societies', OECD Economic Policy Paper 27, September 2019: https://doi.org/10.1787/c553d8d2-en.

图 13　数据来源于 2016 年 9—10 月实施的一项针对来自 22 个国家的18 810 名 16 岁及以上成年人的实地调查。Fahmida Rahman and Daniel Tomlinson, *Cross Countries: International Comparisons of Intergeneration Trends*, Intergenerational Commission Report, Resolution Foundation, 2018.

图 14 Shunsuke Managi, and Pushpam Kumar, *Inclusive Wealth Report 2018*, © 2018 UN Environment, Routledge, 2018. Reproduced by permission of Taylor & Francis Group.

图 15 Esteban Ortiz-Ospina, 'Taxation', 2016: https://ourworldindata.org/ taxation. Data derived from Alan Reynolds, 'Marginal Tax Rates', *The Concise Encyclopedia of Economics*, Library of Economics and Liberty, 2008, data retrieved September 22, 2016: http://www.econlib.org/ library/Enc/MarginalTaxRates.html;Gapminder, HYDE, 2016, and United Nations Population Division, 2019: https://www.gapminder.org/data/ documentation/gd003/.

图 16 Truman Packard, Ugo Gentillini, Margaret Grosh, Philip O'Keefe, Robert Palacios, David Robalino and Indhira Santos, *Protecting All: Risk Sharing for a Diverse and Diversifying World of Work*, World Bank, 2019: https:// doi:10.1596/9781-4648-1427-3. Used under CC BY 3.0 IGO.

表 1 高收入国家初等教育的 "高" 个人收益率，是源于波多黎各 1959 年的一个异常估计值 65%，根据我们目前的人均收入分类系统，这个国家被归为高收入国家。George Psacharopoulos and Harry Patrinos, 'Returns to Investment in Education: A Decennial Review of the Global Literature', Policy Research Working Paper 8402, World Bank, 2018.

表 2 WEF, *The Future of Jobs Report 2018*, World Economic Forum, 2018.